MW01707620

DICTIONNAIRE DES CITATIONS DE LANGUE FRANÇAISE

© 1995, Bookking International, Paris

DICTIONNAIRE DES CITATIONS DE LANGUE FRANÇAISE

Plus de 250 auteurs.
1000 mots-clés
et 2300 citations
pour avoir réponse à tout.

INTRODUCTION

Que vous vouliez illustrer une dissertation, agrémenter un discours, égayer une conversation, retrouver une référence, approfondir une idée ou, simplement, vous cultiver et vous enrichir, vous distraire : le **Dictionnaire des citations de langue française** est fait pour vous.

Dans le **Dictionnaire des citations de langue française**, ce sont les formules, les vers, les sentences de plus de deux cent cinquante auteurs, d'Edmond About à Émile Zola, qui vous sont proposés. Citations célèbres et citations insolites, citations qui donnent à penser, citations qui prêtent à sourire, mots historiques, jugements d'auteurs sur d'autres auteurs... L'objectif de ce **Dictionnaire des citations de langue française** est d'offrir, dans une présentation volontairement claire et aérée, à l'étudiant ou au curieux, aux amateurs de belles lettres comme à ceux qui apprécient les bons mots, des définitions qui conjuguent charme de la poésie, concision de la formule et profondeur de la réflexion.

Le choix des citations de ce dictionnaire a été effectué selon deux critères :

— d'une part retranscrire les citations « indispensables », les phrases historiques, celles qui, depuis le panache blanc d'Henri IV aux morales de La Fontaine, des maximes de La Rochefoucauld aux aphorismes de Chamfort, font partie de notre patrimoine culturel ;

— d'autre part proposer des citations plus insolites, moins connues, choisies pour leur humour, leur exemplarité, voire leur musique lorsqu'il s'agit de vers, et moissonnées par l'auteur de cet ouvrage au hasard de ses lectures.

S'entrecroisent donc, au hasard des deux mille trois cents citations qui illustrent plus de mille mots clefs, les auteurs classiques, de Corneille à Racine, de Pascal à Voltaire, les moralistes, de La Bruyère à Montesquieu, les humoristes, d'Alphonse Karr à Jules Renard, mais aussi beaucoup de poètes, Baudelaire, Verlaine, Laforgue, Corbière, Ronsard, Toulet...

Et si certaines citations sont utilisées à plusieurs reprises, c'est parce qu'elles illustrent, avec un égal bonheur, plusieurs mots clefs.

Des lecteurs pourront s'étonner de l'absence d'auteurs contemporains. Mais pour apprécier la qualité d'une œuvre, ou d'une écriture, quel meilleur juge que le temps ? C'est la raison pour laquelle les auteurs choisis appartiennent, à quelques exceptions près, au domaine public. Leur pérennité est une garantie de qualité.

Consultez le **Dictionnaire des citations de langue française** : il a été conçu comme un instrument de culture au quotidien, comme un outil de travail aussi plaisant qu'indispensable, et à la portée de tous.

A

ABANDON

Las ! où est maintenant ce mépris de fortune ?
Où est ce cœur vainqueur de toute adversité ?

Joachim du Bellay, *Les Regrets.*

Vous me laissez là,
Dans ma vie amère ;
Vous me laissez là,
Et Dieu voit cela !

Marceline Desbordes-Valmore, *Poésies.*

L'abandon fait le larron.

Marguerite de Navarre, *L'Heptaméron.*

ABBÉ

L'abbé ne fait pas le moine.

Balzac, *Proverbes.*

Cet abbé chemine en priant,
Et, seul au milieu de la rue,
Tout noir, il fait sa tache crue
Sur le ciel tendre et souriant.

Sully Prud'homme, *Poésies.*

ABSENCE

L'absence est à l'amour ce qu'est au feu le vent ;
Il éteint le petit, il allume le grand.

Bussy-Rabutin, *L'Histoire amoureuse des Gaules.*

Les absents ont toujours tort.

Destouches, *L'Obstacle imprévu.*

Il n'est pas d'amour qui résiste à l'absence.

Anatole France, *La Rôtisserie de la reine Pédauque.*

L'absence est le plus grand des maux.

Jean de La Fontaine, *Les Deux Pigeons.*

L'absence est aussi bien un remède à la haine
Qu'un appareil contre l'amour.

Jean de La Fontaine, *Fables.*

Un seul être vous manque, et tout est dépeuplé.

Alphonse de Lamartine, *Méditations.*

ABSOLU

Il n'y a qu'une maxime absolue, c'est qu'il n'y a rien d'absolu.

Auguste Comte, *Catéchisme positiviste.*

ABSTRAIT

Combien de gens ne sont abstraits que pour paraître profonds.

Joseph Joubert, *Pensées.*

ABSURDE

L'absurde, c'est la raison lucide qui constate ses limites.

Albert Camus, *Le Mythe de Sisyphe.*

ABUS

On appelle abus de confiance tous les actes commis par un gouvernement dont on n'est pas.

Pierre Véron, *Carnaval du dictionnaire.*

ACADÉMIE

Avec une minuscule, c'est un corps de jolie femme ; avec une majuscule, c'est un corps de vieux barbons.

Paul Morand

ACADÉMIE FRANÇAISE

Pourquoi dit-on qu'ils sont immortels alors qu'ils ne dépassent pas la quarantaine ?

Alphonse Allais

Nous avons quarante oies qui gardent le Capitole et ne le défendent pas.

Diderot

La dénigrer mais tâcher d'en faire partie, si l'on peut.

Gustave Flaubert, *Dictionnaire des idées reçues.*

Sommes-nous trente-neuf, on est à nos genoux
Et sommes-nous quarante, on se moque de nous.

Fontenelle

Ils sont là quarante, qui ont de l'esprit comme quatre.

Alexis Piron

L'Académie ? Le commun des immortels !

Jules Renard, *Journal.*

Un corps où l'on reçoit des gens titrés, des hommes en place, des prélats, des gens de robe, des médecins, des géomètres... et même des gens de lettres.

Voltaire

ACCOMMODEMENTS

Le ciel défend, de vrai, certains contentements;
Mais on trouve avec lui des accommodements.

Molière, *Le Tartuffe.*

ACCORD

On s'entend toujours; il suffit de ne pas être du même avis.

Henri de Régnier

ACCOUPLEMENT

Boire sans soif et faire l'amour en tout temps, madame, il n'y a que ça qui nous distingue des autres bêtes.

Beaumarchais, *Le Mariage de Figaro.*

Quelquefois, ils lançaient bien, avec un bon rire, une allusion un peu trop franche au plaisir d'aimer. Mais l'amour, comme l'entendent les hommes ainsi trempés, est toujours une chose saine, et dans sa crudité même il demeure presque chaste.

Pierre Loti, *Pêcheur d'Islande.*

Deux bêtes, deux chiens, deux loups, deux renards, rôdent par les bois et se rencontrent. L'un est mâle, l'autre femelle. Ils s'accouplent. Ils s'accouplent par un instinct bestial qui les force à continuer la race, leur racc, celle dont ils ont la forme, le poil, la taille, les mouvements et les habitudes. Toutes les bêtes en font autant, sans savoir pourquoi. Nous aussi.

Guy de Maupassant

Cet imbécile emportement qui nous jette vers la femelle.

Guy de Maupassant

ACTEUR

Combien d'acteurs paraissent naturels parce qu'ils n'ont aucun talent.

Jules Renard, *Journal.*

ACTION

Nous aurions souvent honte de nos plus belles actions si le monde voyait tous les motifs qui les produisent.

La Rochefoucauld, *Maximes.*

L'homme n'est point fait pour méditer, mais pour agir.

Jean-Jacques Rousseau

ACTIVITÉ

Je travaille la nuit, je monte à cheval le jour, je joue au billard le soir, je dors le matin. C'est toujours la même vie.

George Sand, *Correspondance.*

ADIEU

Adieu la Cour, adieu les dames,
Adieu les filles et les femmes,
Adieu vous dis pour quelques temps,
Adieu vos plaisants passetemps ;
Adieu le bal, adieu la danse,
Adieu mesure, adieu cadence,
Tambourins, hautbois et violons,
Puisqu'à la guerre nous allons.

Clément Marot, *Epîtres.*

Adieu ! je crois qu'en cette vie
Je ne te reverrai jamais.
Dieu passe, il t'appelle et m'oublie ;
En te perdant je sens que je t'aimais.

Alfred de Musset, *Poésies.*

Je n'écoute plus rien ; et pour jamais, adieu.
Pour jamais ! Ah, Seigneur, songez-vous en vous-même
Combien ce mot cruel est affreux quand on aime ?

Jean Racine, *Bérénice.*

Mais viendra le jour des adieux,
Car il faut que les femmes pleurent
Et que les hommes curieux
Tentent les horizons qui leurrent !

Sully Prud'homme, *Poésies.*

C'est aux premiers regards portés,
En famille, autour de la table,
Sur les sièges plus écartés,
Que se fait l'adieu véritable.

Sully Prud'homme, *Poésies.*

Adieu ! et si c'est pour toujours, pour toujours encore adieu...

Alfred de Vigny, *Cinq-Mars.*

ADJECTIF

Ne flattez pas le culte d'adjectifs tels que indescriptible, inénarrable, rutilant, incomparable, colossal, qui mentent sans vergogne aux substantifs qu'ils défigurent : ils sont poursuivis par la lubricité.

Lautréamont, *Poésies.*

ADMINISTRATION

L'administration est un lieu où les gens qui arrivent en retard croisent dans l'escalier ceux qui partent en avance.

Georges Clemenceau *(attribué aussi à* **Georges Courteline***)*

ADMIRATION

Peu d'hommes ont été admirés par leurs domestiques ; nul n'a été prophète non seulement en sa maison, mais en son pays, dit l'expérience des histoires.

Montaigne, *Essais.*

Dis-moi qui t'admire et je te dirai qui tu es.

Sainte-Beuve, *Causeries du lundi.*

L'admiration est un sentiment qu'on éprouve quand on se regarde devant un miroir.

Pierre Véron

ADOLESCENCE

O lecteurs à venir, qui vivez dans la joie
Des seize ans, des lilas et des premiers baisers,
Vos amours font jouir mes os décomposés.

Charles Cros, *Le Coffret de santal.*

Jupes des quinze ans, aurores de femmes,
Qui veut, enfin, des palais de mon âme ?

Jules Laforgue, *Les Complaintes.*

On n'est pas sérieux, quand on a dix-sept ans
Et qu'on a des tilleuls verts sur la promenade.

Arthur Rimbaud, *Poésies.*

Seize ans était la fleur de votre âge nouvelle,
Et votre teint sentait encore son enfance.
Vous aviez d'une infante encore la contenance,
La parole et les pas ; votre bouche était belle,
Votre front et vos mains dignes d'une immortelle,
Et votre œil, qui me fait trépasser quand j'y pense.

Pierre de Ronsard, *Poésies.*

ADULTÈRE

Ce qu'on appelle aujourd'hui l'adultère est identique à ce qu'on appelait autrefois l'hérésie.

Victor Hugo

Tous ces couples maudits, affolés de désir,
Après l'atroce attente (ô la pire des fièvres)
Dévorent avec rage un lambeau de plaisir
Que le moindre hasard dispute au feu des lèvres ;
Car tous ont attendu de longs jours, de longs mois,
Pour ne faire, un instant, qu'une chair et qu'une âme,
Au milieu des terreurs, sous l'œil fixe des lois,
Dans un baiser qui pleure et cependant infâme...

Sully Prud'homme, *Poésies.*

Le séducteur, content du succès de son crime,
Fuit l'ennui des plaisirs et sa jeune victime.
Seule elle reste assise, et son front sans couleur
Du remords qui s'approche a déjà la pâleur ;
Elle veut retenir cette nuit, sa complice,
Et la première aurore est son premier supplice.

Alfred de Vigny, *La Femme adultère.*

AFFAIRES

La science des occasions et des temps est la principale partie des affaires.

Bossuet

Les affaires, c'est l'argent des autres.

Alexandre Dumas fils

Les gens qui ont peu d'affaires sont de très grands parleurs : moins on pense, plus on parle.

Montesquieu

AFFIRMATION

Si je n'affirme pas davantage, c'est que je crois l'insinuation plus efficace.

André Gide

AGE

Impossible de vous dire mon âge, il change tout le temps.

Alphonse Allais

Chaque âge a ses plaisirs, son esprit et ses mœurs.

Nicolas Boileau, *Art poétique.*

AGONIE

Et les agonisants dans le fond des hospices
Poussaient leur dernier râle en hoquets inégaux.

Charles Baudelaire, *Les Fleurs du mal.*

O nuit désastreuse ! ô nuit effroyable, où retentit tout à coup, comme un éclat de tonnerre, cette étonnante nouvelle : Madame se meurt, Madame est morte !

Bossuet, *Oraison funèbre de la duchesse d'Orléans.*

Le 3 mai, Napoléon se fit administrer l'extrême-onction et reçut le saint viatique.(...) Le 4, la tempête de l'agonie de Cromwell s'éleva : presque tous les arbres de Longwood furent déracinés. Enfin, le 5, à six heures moins onze minutes du soir, au milieu des vents, de la pluie et du fracas des flots, Bonaparte rendit à Dieu le plus puissant souffle de vie qui jamais anima l'argile humaine.

Chateaubriand, *Mémoires d'outre-tombe.*

Le petit Dauphin est malade, le petit Dauphin va mourir... Dans toutes les églises du royaume, le Saint-Sacrement demeure exposé nuit et jour et de grands cierges brûlent pour la guérison de l'enfant royal.

Alphonse Daudet, *Lettres de mon moulin.*

Elle en avait fini, songeait-elle, avec toutes les trahisons, les bassesses et les innombrables convoitises qui la torturaient. Elle ne haïssait personne, maintenant ; une confusion de crépuscule s'abattait en sa pensée, et de tous les bruits de la terre, Emma n'entendait plus que l'intermittente lamentation de ce pauvre cœur, douce et indistincte, comme le dernier écho d'une symphonie qui s'éloigne.

Gustave Flaubert, *Madame Bovary.*

Un jour enfin il mit sur son lit son épée,
Et se coucha près d'elle, et dit : C'est aujourd'hui !

Victor Hugo, *Les Châtiments. (Mort de Napoléon Ier)*

C'est ici le combat du jour et de la nuit.

Victor Hugo, *sur son lit de mort.*

Mon âme, il faut partir. Ma vigueur est passée,
Mon dernier jour est dessus l'horizon.
Tu crains ta liberté. Quoi ! n'es-tu pas lassée
D'avoir souffert soixante ans de prison ?

François Maynard, *Sonnets.*

Je savais, papa, que vous ne manqueriez pas l'hallali.

Toulouse-Lautrec, *le 9 septembre 1901, sur son lit de mort.*

Je m'en vais ou je m'en vas... L'un et l'autre se dit ou se disent.

Vaugelas

Il nous regarde encore, ensuite il se recouche,
Tout en léchant le sang répandu sur sa bouche,
Et, sans daigner savoir comment il a péri,
Refermant ses grands yeux, meurt, sans jeter un cri.

Alfred de Vigny, *La Mort du loup.*

AGRICULTURE

Labourage et pâturage sont les deux mamelles dont la France est alimentée, et les vraies mines et trésors du Pérou.

Sully

AIR

L'air glorieux et le regard distrait des hommes que les reines ont aimés...

Alphonse Daudet, *Lettres de mon moulin.*

J'ai toujours vu que pour réussir dans le monde, il fallait avoir l'air fou et être sage.

Montesquieu

Avec son air de rien, il est bon à tout.

Jules Renard, *Journal.*

AISANCE

Je suis plus à l'aise sous la mitraille qu'entouré d'un essaim de jolies filles décolletées.

Maréchal Lefebvre

ALBUM

Dans un album,
Mourait fossile
Un géranium
Cueilli aux Iles.

Jules Laforgue

ALLIÉ

Si vous voulez vous faire des ennemis, surpassez vos amis ; mais si vous voulez vous faire des alliés, laissez vos amis vous surpasser.

La Rochefoucauld, *Maximes.*

ALTRUISME

L'homme le plus heureux est celui qui fait le bonheur d'un plus grand nombre d'autres.

Diderot

Il faut aimer les gens, non pour soi, mais pour eux.

Collin d'Harleville, *L'Optimiste.*

AMANT

L'amant qui n'est pas tout n'est rien.

Honoré de Balzac

Les amis de nos amies sont nos amants.

Natalie Clifford-Barney

Il y a plus loin d'une femme à son premier amant, que de son premier au dixième.

Diderot

Ce qui fait que les amants et les maîtresses ne s'ennuient pas d'être ensemble, c'est qu'ils parlent toujours d'eux-mêmes.

La Rochefoucauld, *Maximes.*

C'est ainsi qu'un amant dont l'ardeur est extrême
Aime jusqu'aux défauts des personnes qu'il aime.

Molière, *Le Misanthrope.*

(...) D'un amant
Je serai le parfait modèle,
Trop bête pour être inconstant
Et trop laid pour être infidèle.

Alfred de Musset, *Poésies.*

Venez, mon bien-aimé, m'enivrer de délices
Jusqu'à l'heure où le jour appelle aux sacrifices.

Alfred de Vigny, *La Femme adultère.*

AMBASSADEUR

Les seuls espions avoués sont les ambassadeurs.

Casanova, *Mémoires.*

AMBITION

Amour, folie aimable; ambition, sottise sérieuse.

Chamfort, *Maximes et Pensées.*

Cromwell disait que l'on ne monte jamais si haut que quand on ne sait où l'on va.

Paul de Gondi, cardinal de Retz, *Mémoires.*

L'ambition et la galanterie étaient l'âme de cette Cour, et occupaient également les hommes et les femmes. Il y avait tant d'intérêts et tant de cabales différentes, et les dames y avaient tant de part, que l'amour était toujours mêlé aux affaires et les affaires à l'amour. Personne n'était tranquille, ni indifférent ; on songeait à s'élever, à plaire, à servir ou à nuire.

Mme de La Fayette, *La Princesse de Clèves.*

J'ai l'ambition qu'il faut pour me faire prendre part aux choses de cette vie ; je n'ai point celle qui pourrait me faire trouver du dégoût dans le poste où la Nature m'a mis.

Montesquieu

Un homme n'est pas malheureux parce qu'il a de l'ambition, mais parce qu'il en est dévoré.

Montesquieu

AME

Sincère et véridique, je manque d'ouverture de cœur ; mon âme tend incessamment à se fermer.

Chateaubriand, *Mémoires d'outre-tombe.*

Un grand philosophe plaçait l'âme, la nôtre s'entend, dans la glande pinéale. Si j'en accordais une aux femmes, je sais bien, moi, où je la placerais.

Diderot

Les moineaux des vieux toits pépient à ma fenêtre,
Ils me regardent dîner, sans faim, à la carte;
Des âmes d'amis morts les habitent peut-être ?

Jules Laforgue, *Les Complaintes.*

L'âme a la couleur du regard. L'âme bleue seule porte en elle du rêve, elle a pris son azur aux flots et à l'espace.

Guy de Maupassant

Mon âme, il faut partir. Ma vigueur est passée,
Mon dernier jour est dessus l'horizon.
Tu crains ta liberté. Quoi ! n'es-tu pas lassée
D'avoir souffert soixante ans de prison ?

François Maynard, *Sonnets.*

Mon âme est une infante en robe de parade,
Dont l'exil se reflète, éternel et royal,
Aux grands miroirs déserts d'un vieil Escurial,
Ainsi qu'une galère oubliée en la rade.

Albert Samain, *Au jardin de l'infante.*

Votre âme est un paysage choisi
Que vont charmant masques et bergamasques
Jouant du luth et dansant et quasi
Tristes sous leurs déguisements fantasques.

Paul Verlaine, *Les Fêtes galantes.*

O triste, triste était mon âme
A cause, à cause d'une femme.

Paul Verlaine, *Romances sans paroles.*

AMI

Faites-vous des amis prompts à vous censurer.

Nicolas Boileau, *Satires.*

Voulez-vous compter vos amis ? Empruntez-leur de l'argent.

Alexandre Dumas fils

La moitié d'un ami, c'est la moitié d'un traître.

Victor Hugo, *La Légende des siècles.*

Quand mes amis sont borgnes, je les regarde de profil.

Joseph Joubert, *Pensées.*

Les amis font toujours plaisir ; si ce n'est pas quand ils arrivent, c'est quand ils partent.

Alphonse Karr

Qu'un ami véritable est une douce chose !
Il cherche vos besoins au fond de votre cœur ;
Il vous épargne la pudeur
De les lui découvrir vous-même.

Jean de La Fontaine, *Les Deux Amis.*

Rien n'est si dangereux qu'un ignorant ami ;
Mieux vaudrait un sage ennemi.

Jean de La Fontaine, *L'Ours et l'Amateur des jardins.*

Chacun se dit ami ; mais fou qui s'y repose :
Rien n'est plus commun que ce nom,
Rien n'est plus rare que la chose.

Jean de La Fontaine, *Parole de Socrate.*

Si on me presse de dire pourquoi je l'aimais, je sens que cela ne peut s'exprimer qu'en répondant : « Parce que c'était lui, parce que c'était moi. »

Montaigne, *Essais.*

C'est une grande preuve de noblesse que l'admiration survive à l'amitié.

Jules Renard, *Journal.*

Sur vingt amis, dix-neuf disent de vous du mal, et le vingtième, qui en dit du bien, le dit mal.

Rivarol

Que sont mes amis devenus,
Que j'avais de si près tenus
Et tant aimés !

Rutebeuf, *La Complainte Rutebeuf.*

Toutes les grandeurs de ce monde ne valent pas un bon ami.

Voltaire, *Jeannot et Colin.*

AMIE

J'ignorais la douceur féminine. Ma mère
Ne m'a pas trouvé beau. Je n'ai pas eu de sœur.
Plus tard, j'ai redouté l'amante à l'œil moqueur.
Je vous dois d'avoir eu, tout au moins, une amie.
Grâce à vous une robe a passé dans ma vie.

Edmond Rostand, *Cyrano de Bergerac.*

AMNISTIE

L'amnistie est un acte par lequel les gouvernements pardonnent les injustices qu'ils ont commises.

Pierre Véron

AMOUR

Parler d'amour, c'est faire l'amour.

Honoré de Balzac, *Physiologie du mariage.*

L'amour n'est pas seulement un sentiment, il est un art aussi.

Honoré de Balzac, *La Recherche de l'absolu.*

Ce qu'il y a d'ennuyeux dans l'amour, c'est que c'est un crime où l'on ne peut pas se passer d'un complice.

Charles Baudelaire, *Mon cœur mis à nu.*

En amour, les jeunes paient pour ce qu'ils font, les vieux pour ce qu'ils ne font pas.

Beaumarchais

Toute belle femme s'estant une fois essayée au jeu d'amour ne le désapprend jamais.

Brantôme, *Vies des dames galantes.*

Quand on n'aime pas trop, on n'aime pas assez.

Bussy-Rabutin, *Les Maximes d'amour pour les femmes.*

L'amour, tel qu'il existe dans la société, n'est que l'échange de deux fantaisies et le contact de deux épidermes.

Chamfort, *Maximes et Pensées.*

Amour, folie aimable; ambition, sottise sérieuse.

Chamfort, *Maximes et Pensées.*

L'amour est un duel : — Bien touché ! Merci.

Tristan Corbière, *Les Amours jaunes.*

L'amour n'est qu'un plaisir, l'honneur est un devoir.

Pierre Corneille, *Le Cid.*

(...) Je vous aime,
Beaucoup moins que mon Dieu, mais bien plus que moi-même.

Pierre Corneille, *Polyeucte.*

Il est évidemment bien dur de ne plus être aimé quand on aime, mais cela n'est pas comparable à l'être encore quand on n'aime plus.

Georges Courteline

L'amour ne va pas sans l'estime.

Alexandre Dumas fils, *Le Demi-Monde.*

Il faut aimer n'importe qui, n'importe quoi, n'importe comment, pourvu qu'on aime.

Alexandre Dumas fils

L'amour, croyait-elle, devait arriver tout à coup, avec de grands éclats et des fulgurations, ouragan des cieux qui tombe sur la vie, la bouleverse, arrache les volontés comme des feuilles et emporte à l'abîme le cœur entier.

Gustave Flaubert, *Madame Bovary.*

Plaisir d'amour ne dure qu'un moment
Chagrin d'amour dure toute la vie.

Florian, *Célestine.*

Quand je n'aime plus, j'ai autant d'envie de ne plus être aimé, que j'en ai d'être aimé quand j'aime.

Fontenelle

L'homme commence par aimer l'amour et finit par aimer une femme. La femme commence par aimer un homme et finit par aimer l'amour.

Remy de Gourmont, *Physique de l'amour.*

La liberté d'aimer n'est pas moins sacrée que la liberté de penser.

Victor Hugo

Aimer, c'est la moitié de croire.

Victor Hugo, *Les Chants du crépuscule.*

L'amour qui naît subitement est le plus long à guérir.

Jean de La Bruyère, *Les Caractères.*

L'on n'aime bien qu'une seule fois : c'est la première; les amours qui suivent sont moins involontaires.

Jean de La Bruyère, *Les Caractères.*

Amour, amour, quand tu nous tiens,
On peut bien dire : « Adieu prudence ! »

Jean de La Fontaine, *Le Lion amoureux.*

Amour est un étrange maître.
Heureux qui peut ne le connaître
Que par récit, lui et ses coups.

Jean de La Fontaine, *Le Lion amoureux.*

Ah ! tu m'aimes, je t'aime !
Que la mort ne nous ait qu'ivres-morts de nous-mêmes !

Jules Laforgue, *Le Concile féerique.*

Il est du véritable amour comme de l'apparition des esprits : tout le monde en parle, mais peu de gens en ont vu.

La Rochefoucauld, *Maximes.*

Il est plus difficile de bien faire l'amour que de bien faire la guerre.

Ninon de Lenclos, *Lettres.*

En amour, il n'y a que les commencements qui soient charmants. Je ne m'étonne pas qu'on trouve du plaisir à recommencer souvent.

Prince de Ligne, *Mes écarts.*

Quand l'amour parle, il est le maître.

Marivaux, *Les Fausses Confidences.*

Amour, tu as été mon maître,
Je t'ai servi sur tous les dieux

O si je pouvais deux fois naître,
Comme je te servirais mieux !

Clément Marot, *Epigrammes.*

Amour est le grand point, qu'importe la maîtresse ?
Qu'importe le flacon, pourvu qu'on ait l'ivresse ?

Alfred de Musset, *La Coupe et les Lèvres.*

J'aime, et je veux pâlir ; j'aime, et je veux souffrir ;
J'aime, et pour un baiser je donne mon génie ;
J'aime, et je veux sentir sur ma joue amaigrie
Ruisseler une source impossible à tarir.
J'aime, et je veux chanter la joie et la paresse,
Ma folle expérience et mes soucis d'un jour,
Et je veux raconter et répéter sans cesse
Qu'après avoir juré de vivre sans maîtresse,
J'ai fait serment de vivre et de mourir d'amour.

Alfred de Musset, *Poésies,* « La Nuit d'août ».

On ne badine pas avec l'amour.

Alfred de Musset, *Poésies.*

Se voir le plus possible et s'aimer seulement,
Sans ruse et sans détours, sans honte ni mensonge,
Sans qu'un désir nous trompe, ou qu'un remords nous
[ronge,
Vivre à deux et donner son cœur à tout moment.

Alfred de Musset, *Poésies.*

Tu trouveras, dans la joie ou la peine,
Ma triste main pour soutenir la tienne,
Mon triste cœur pour écouter le tien.

Alfred de Musset, *Poésies.*

Après avoir souffert, il faut souffrir encore ;
Il faut aimer sans cesse, après avoir aimé.

Alfred de Musset, *Poésies,* « La Nuit d'août ».

La vie est un sommeil, l'amour en est le rêve,
Et vous auriez vécu si vous aviez aimé.

Alfred de Musset, *Poésies.*

L'amour, c'est l'espace et le temps rendus sensibles au cœur.

Marcel Proust, *A la recherche du temps perdu.*

Et cette maladie qu'était l'amour de Swann avait tellement multiplié, il était si étroitement mêlé à toutes les habitudes de Swann, à tous ses actes, à sa pensée, à sa santé, à son sommeil, à sa vie, même à ce qu'il désirait pour après sa mort, il ne faisait tellement plus qu'un avec lui, qu'on n'aurait pas pu l'arracher de lui sans le détruire lui-même à peu près tout entier : comme on dit en chirurgie, son amour n'était plus opérable.

Marcel Proust, *A la recherche du temps perdu.*

Et des amours desquelles nous parlons,
Quand serons morts, n'en sera plus nouvelle :
Pour ce, aimez-moi cependant qu'êtes belle.

Pierre de Ronsard

L'amour, l'amour en ce qu'il a de complet et de vraiment passionné, est quelque chose de si terrible que les témoignages même les plus sincères, les plus enivrants, de son bonheur, si on les lui représente après que le délire est passé, deviennent les instruments les plus cruels et les plus empoisonnés de la vengeance. Ce qui fit leur bonheur deviendra leur supplice. Des lettres relues, des vers retrouvés, d'anciennes fleurs et des rubans fanés qui furent chers, des parfums qu'on a trop aimés : supplice !

Sainte-Beuve

Aimer, ce n'est pas se regarder l'un l'autre, c'est regarder ensemble dans la même direction.

Antoine de Saint-Exupéry

L'amour est un je-ne-sais-quoi, qui vient je-ne-sais-où, et qui finit je-ne-sais-quand.

Mlle de Scudéry

O volupté calme et profonde
Des amours qui sont nés sans pleurs,
Volupté saine comme une onde
Qui chante sur un lit de fleurs.

Sully Prud'homme, *Poésies.*

Il faut aimer si l'on veut être aimé.

Honoré d'Urfé

Nous avons eu besoin l'un de l'autre, nous ne nous sommes plus quittés, nos vies se sont entremêlées, et c'est ainsi que l'amour est né.

Vincent van Gogh

AMOUR (PREMIER)

Telles, je sens au cœur, quand les bruits du monde
Me laissent triste et seul après m'avoir lassé,
La présence éternelle et la douceur profonde
De mon premier amour que j'avais cru passé.

Sully Prud'homme, *Poésies.*

AMOUR LIBRE

L'amour libre, la seule chose gaie et bonne au monde.

Guy de Maupassant

AMOUR-PROPRE

L'amour-propre est le plus grand de tous les flatteurs.

La Rochefoucauld, *Maximes.*

L'amour-propre est un ballon gonflé de vent dont il sort des tempêtes quand on y fait une piqûre.

Voltaire

AMOUREUSES

Où sont nos amoureuses ?
Elles sont au tombeau :
Elles sont plus heureuses
Dans un séjour plus beau !

Gérard de Nerval, *Poésies.*

AMOUREUX

L'amoureux est presque toujours un homme qui, ayant trouvé un charbon ardent, le met dans sa poche en croyant que c'est un diamant.

Alphonse Karr

AMUSEMENT

Les hommes ont une pente merveilleuse à s'imaginer qu'ils amuseront les autres par les mêmes moyens par lesquels ils sentent qu'ils peuvent être eux-mêmes amusés.

Paul de Gondi, cardinal de Retz, *Mémoires.*

ANAGRAMME

Marie, qui voudrait votre nom retourner,
Il trouverait Aimer : aimez-moi donc, Marie ;
Votre nom de nature à l'amour vous convie,
Il faut votre jeunesse à l'amour adonner.

Pierre de Ronsard, *Les Amours de Marie.*

Pierre de Ronsard / Rose de Pindare.
François Rabelais / Alcofribas Nasier.
Paul Verlaine / Pauvre Lélian.

ANCETRE

Se glorifier de ses ancêtres, c'est chercher, dans les racines, des fruits que l'on devrait trouver dans les branches.

Manon Rolland

ANE

Quand je vois arriver la nuit, j'en ai les sueurs qui me prennent, comme l'âne de Capitou quand il voyait venir le bât.

Alphonse Daudet, *Lettres de mon moulin.*

Le plus âne des trois n'est pas celui qu'on pense.

Jean de La Fontaine, *Le Meunier, son Fils et l'Ane.*

ANECDOTE

Je n'aime dans l'histoire que les anecdotes, et parmi les anecdotes, je préfère celles où j'imagine trouver une peinture vraie des mœurs et des caractères à une époque donnée.

Prosper Mérimée, *Chronique du règne de Charles IX.*

ANGÉLUS

Cependant, s'élançant de la flèche gothique,
Un son religieux se répand dans les airs :

Le voyageur s'arrête, et la cloche rustique
Aux derniers bruits du jour mêle de saints concerts.

Alphonse de Lamartine, *Les Méditations.*

ANGLAIS

L'amour des Anglais pour la liberté se complique d'une certaine acceptation de la servitude d'autrui.

Victor Hugo

Les Anglais sont occupés, ils n'ont pas le temps d'être polis.

Montesquieu, *Mes pensées.*

ANGLETERRE

L'Angleterre, cette colonie française qui a mal tourné.

Georges Clemenceau

ANIMAL

Je chante les héros dont Esope est le père,
Troupe de qui l'histoire, encor que mensongère,
Contient des vérités qui servent de leçons (...)

Jean de La Fontaine

Je me sers d'animaux pour instruire les hommes.

Jean de La Fontaine

ANTHROPOPHAGE

On dit qu'il y a des anthropophages ; je le sais, mais cela n'a pas dû être long ; ils ont dû mourir empoisonnés.

Lamennais

APPARENCES

Dans les grandes choses, les hommes se montrent comme il leur convient de se montrer ; dans les petites, ils se montrent comme ils sont.

Chamfort, *Maximes et Pensées.*

Garde-toi, tant que tu vivras,
De juger les gens sur la mine.

Jean de La Fontaine, *Le Cocher, le Chat et le Souriceau.*

La vérité ne fait pas tant de bien dans le monde que ses apparences y font de mal.

La Rochefoucauld, *Maximes.*

Mon Dieu, le plus souvent l'apparence déçoit :
Il ne faut pas toujours juger sur ce qu'on voit.

Molière, *Le Tartuffe.*

J'ai toujours vu que pour réussir dans le monde, il fallait avoir l'air fou et être sage.

Montesquieu

Si le fils d'un meunier, avec tant de vitesse,
Gagne le cœur d'une princesse,
Et s'en fait regarder avec des yeux mourants,
C'est que l'habit, la mine et la jeunesse,
Pour inspirer de la tendresse,
N'en sont pas des moyens toujours indifférents.

Charles Perrault, *Le Chat botté.*

APPEL

Qui m'aime me suive !

Philippe VI, *roi de France, lors d'un départ en campagne.*

APPÉTIT

L'appétit vient en mangeant, la soif s'en va en buvant.

François Rabelais, *Gargantua.*

APPLAUDISSEMENT

N'applaudissez pas sur les joues d'autrui.

Victor Hugo

ARGENT

Oh ! argent que j'ai tant méprisé et que je ne puis aimer quoi que je fasse, je suis forcé d'avouer que tu as pourtant ton mérite : source de la liberté, tu arranges mille choses dans notre existence, et tout est difficile sans toi.

Chateaubriand, *Mémoires d'outre-tombe.*

Je n'ai d'argent qu'en mes cheveux.

Charles Cros, *Le Coffret de santal.*

Les affaires, c'est l'argent des autres.

Alexandre Dumas fils

N'estime l'argent ni plus ni moins qu'il ne vaut : c'est un bon serviteur, et un mauvais maître.

Alexandre Dumas fils, *La Dame aux camélias.*

Point d'argent, point de Suisse, et ma porte était close.

Jean Racine, *Les Plaideurs.*

Si l'argent ne fait pas le bonheur... Rendez-le !

Jules Renard, *Journal.*

L'argent, jusqu'à ce jour, était le fumier dans lequel poussait l'humanité de demain ; l'argent, empoisonneur et destructeur, devenait le ferment de toute végétation sociale, le terreau nécessaire aux grands travaux qui facilitent l'existence.

Emile Zola, *L'Argent.*

ARGOT

L'argot, c'est la langue des ténébreux.

Victor Hugo, *Les Misérables.*

ARMÉE

L'armée est une nation dans la nation : c'est un vice de nos temps.

Alfred de Vigny, *Servitude et Grandeur militaires.*

ARMES

Un empire fondé par les armes a besoin de se soutenir par les armes.

Montesquieu

ARRIÈRE-SAISON

Goûter, en regrettant l'été blanc et torride,
De l'arrière-saison le rayon jaune et doux !

Charles Baudelaire, *Les Fleurs du mal.*

Ah ! laisse refleurir encor
Ces lueurs d'arrière-saison !
Le soir d'été qui s'évapore

Laisse une pourpre à l'horizon.
Oui, meurs en brûlant, ô mon âme,
Sur ton bûcher d'illusions,
Comme l'astre éteignant sa flamme
S'ensevelit dans ses rayons !

Alphonse de Lamartine, *Les Méditations.*

ARRIVISME

Pour arriver, il faut mettre de l'eau dans son vin jusqu'à ce qu'il n'y ait plus de vin.

Jules Renard, *Journal.*

ART

Une œuvre d'art, c'est le moyen d'une âme.

Maurice Barrès, *Mes cahiers.*

Bien qu'on ait du cœur à l'ouvrage
L'Art est long et le Temps est court.

Charles Baudelaire, *Les Fleurs du mal.*

En art comme en amour, l'instinct suffit.

Anatole France

Tout passe. L'art robuste
Seul a l'éternité,
Le buste
Survit à la cité.

Théophile Gautier, *Emaux et Camées.*

Les petits esprits ne tiennent jamais pour naturel rien de ce que l'art peut produire.

Paul de Gondi, cardinal de Retz, *Mémoires.*

L'art est l'habileté réduite en théorie.

Joseph Joubert, *Pensées.*

L'art est un anti-destin.

André Malraux

Par l'art seulement nous pouvons sortir de nous, savoir ce que voit un autre de cet univers qui n'est pas le même que le nôtre, et dont les paysages nous seraient restés aussi inconnus que ceux qu'il peut y avoir dans la lune.

Marcel Proust, *A la recherche du temps perdu.*

Un art qui a de la vie ne reproduit pas le passé ; il le continue.

Auguste Rodin

ARTISAN

A l'œuvre, on connaît l'artisan.

Jean de La Fontaine, *Les Frelons et les Mouches à miel.*

ARTISTE

Il en est de certains artistes comme du duc de Guise : ils paraissent plus grands couchés que debout.

Jules Clarétie

ASCENSION

Le difficile n'est pas de monter, mais, en montant, de rester soi.

Jules Michelet, *Le Peuple.*

ASIE

Laissez-moi un peu regarder du côté de la plus haute Asie, vers le profond Orient. J'ai là mon immense poème.

Jules Michelet

ASILE

L'asile le plus sûr est le sein d'une mère.

Florian, *Fables.*

On construit des maisons de fous pour faire croire à ceux qui n'y sont pas enfermés qu'ils ont encore la raison.

Montaigne

ASSASSINAT

On tue un homme, on est un assassin. On tue des millions d'hommes, on est un conquérant. On les tue tous, on est un dieu.

Jean Rostand

Elle me résistait, je l'ai assassinée.

Alexandre Dumas, *Antony.*

ASSISTANCE

Aide-toi, le Ciel t'aidera.

Jean de La Fontaine, *Le Chartier embourbé.*

ASSOCIATION

Je marcherai pour vous, vous y verrez pour moi.

Florian, *L'Aveugle et le Paralytique.*

ASTRONOME

Il est tard; l'astronome aux veilles obstinées,
Sur sa tour, dans le ciel où meurt le dernier bruit
Cherche des îles d'or, et le front dans la nuit,
Regarde à l'infini blanchir des matinées.

Sully Prud'homme, *Poésies.*

ATHÉISME

Une société d'athées inventerait aussitôt une religion.

Honoré de Balzac, *Le Catéchisme social.*

L'athéisme dresse contre Dieu un procès-verbal de carence.

Victor Hugo

ATTENDRISSEMENT

Celui qui sait attendrir sait tout.

Alphonse de Lamartine, *Graziella.*

ATTENTE

Tout vient à point à qui peut attendre.

Clément Marot, *Chansons.*

Ne t'attends qu'à toi seul.

Jean de La Fontaine, *L'Alouette et ses petits.*

AUBE

L'aube d'un jour sinistre a blanchi les hauteurs.

José Maria de Heredia, *Les Trophées.*

J'ai embrassé l'aube d'été.

Arthur Rimbaud, *Illuminations.*

AUBERGE

Vous souvient-il de l'auberge
Et combien j'y fus galant ?
Vous étiez en piqué blanc :
On eût dit la Sainte Vierge.
De l'auberge dans les Landes
Je rêve, — et voudrais revoir
L'hôtesse au sombre mouchoir,
Et la glycine en guirlandes.

Paul-Jean Toulet, *Les Contrerimes.*

AUDACE

Messieurs, il faut de l'audace, encore de l'audace et toujours de l'audace et la France est sauvée.

Danton, *Discours du 2/9/1792 à l'Assemblée législative.*

Il existe de par les chemins une race de gens qui, au lieu d'accepter une place que leur offrait le monde, ont voulu s'en faire une tout seul, à coup d'audace ou de talent.

Jules Vallès, *Les Réfractaires.*

AUMONE

Vous sortiez de l'église et, d'un geste pieux,
Vos nobles mains faisaient l'aumône au populaire,
Et sous le porche obscur votre beauté si claire
Aux pauvres éblouis montrait tout l'or des cieux.

José Maria de Heredia, *Les Trophées.*

Elle donnait comme on dérobe,
En se cachant aux yeux de tous.

Victor Hugo, *Les Contemplations.*

AURORE

L'aurore grelottante en robe rose et verte
S'avançait lentement sur la Seine déserte,
Et le sombre Paris, en se frottant les yeux,
Empoignait ses outils, vieillard laborieux.

Charles Baudelaire, *Les Fleurs du mal.*

AUSTERLITZ (2-12-1805)

Il dit, en galopant sur le front de bandière :
« Soldats, il faut finir par un coup de tonnerre ! »
Il va, tachant de gris l'état-major vermeil ;
L'armée est une mer ; il attend le soleil ;
Il le voit se lever du haut d'un promontoire ;
Et, d'un sourire, il met ce soleil dans l'Histoire !

Edmond Rostand, *L'Aiglon.*

AUTEUR

Un auteur doit être dans un livre comme la police dans la ville : partout et nulle part.

Jules et Edmond de Goncourt, *Journal.*

C'est un métier que de faire un livre, comme de faire une pendule : il faut plus que de l'esprit pour être auteur.

Jean de La Bruyère, *Les Caractères.*

AUTOMNE

Un caractère moral s'attache aux scènes de l'automne : ces feuilles qui tombent comme nos ans, ces fleurs qui se fanent comme nos heures, ces nuages qui fuient comme nos illusions, cette lumière qui s'affaiblit comme notre intelligence, ce soleil qui se refroidit comme nos amours, ces fleuves qui se glacent comme notre vie, ont des rapports secrets avec nos destinées.

Chateaubriand, *Mémoires d'outre-tombe.*

L'automne fait les bruits froissés
De nos tumultueux baisers.(...)

Charles Cros, *Le Coffret de santal.*

Déjà plus d'une feuille sèche
Parsème les gazons jaunis ;
Soir et matin, la brise est fraîche,
Hélas ! les beaux jours sont finis !

Théophile Gautier, *Emaux et camées.*

Automne, automne, adieux de l'Adieu !
La tisane bout, noyant mon feu ;
Le vent s'époumone
A reverdir la bûche où mon grand cœur tisonne.

Jules Laforgue, *Les Complaintes.*

Salut, bois couronnés d'un reste de verdure !
Feuillages jaunissant sur les gazons épars !
Salut, derniers beaux jours ! le deuil de la nature
Convient à la douleur et plaît à mes regards !

Alphonse de Lamartine, *Les Méditations,* « L'Automne ».

Et puis, avec les premières brumes de l'automne, on rentre au foyer, à Paimpol ou dans les chaumières éparses du pays de Goëlo, s'occuper pour un temps de famille et d'amour, de mariages et de naissances. Presque toujours on trouve là des petits nouveau-nés, conçus l'hiver d'avant, et qui attendent des parrains pour recevoir le sacrement du baptême.

Pierre Loti, *Pêcheur d'Islande.*

L'automne est un *andante* mélancolique et gracieux qui prépare admirablement le solennel *adagio* de l'hiver.

George Sand, *François le Champi.*

Souvenir, souvenir, que me veux-tu ? L'automne
Faisait voler la grive à travers l'air atone,
Et le soleil dardait un rayon monotone
Sur le bois jaunissant où la bise détone.

Paul Verlaine, *Poèmes saturniens.*

Les sanglots longs
Des violons
De l'automne.

Paul Verlaine, *Poèmes saturniens.*

AUTORITÉ

Quand on veut gouverner les hommes, il ne faut pas les chasser devant soi ; il faut les faire suivre.

Montesquieu, *Mes pensées.*

AUTOSATISFACTION

Je sais ce que je vaux et crois ce qu'on m'en dit.

Pierre Corneille

Les ouvrages communs durent quelques années ;
Ce que Malherbe écrit dure éternellement.

François de Malherbe, *Poésies.*

AUTRUI

Pour vivre en paix avec tout le monde, il ne suffit pas de ne point se mêler des affaires d'autrui, il faut encore souffrir qu'autrui se mêle des vôtres.

Fréron

AVARICE

Quand l'avarice se propose un but, elle cesse d'être un vice, elle est le moyen d'une vertu.

Honoré de Balzac, *Béatrix.*

Un avare est un imbécile qui se laisse mourir de faim pour garder de quoi vivre.

Charles Narrey

Cy-gît qui se plut tant à prendre
Et qui l'avait si bien appris,
Qu'elle aima mieux mourir que rendre
Un lavement qu'elle avait pris.

Scarron

AVENIR

Il faut laisser le passé dans l'oubli et l'avenir à la Providence.

Bossuet

L'avenir est ce qu'il y a de pire dans le présent.

Gustave Flaubert

L'avenir est un lieu commode pour y mettre des songes.

Anatole France, *Les Opinions de Jérôme Coignard.*

L'avenir n'est interdit à personne.

Léon Gambetta

Non, l'avenir n'est à personne !
Sire ! l'avenir est à Dieu !

Victor Hugo, *Les Chants du crépuscule.*

Peut-être l'avenir me gardait-il encore
Un retour de bonheur dont l'espoir est perdu !
Peut-être, dans la foule, une âme que j'ignore
Aurait compris mon âme, et m'aurait répondu !...

Alphonse de Lamartine, *Les Méditations.*

Ma foi ! sur l'avenir bien fou qui se fiera :
Tel qui rit vendredi, dimanche pleurera.

Jean Racine, *Les Plaideurs.*

Je me trouve dans un engagement qui m'embarrasse : je suis embarquée dans la vie sans mon consentement ; il faut que j'en sorte, cela m'assomme ; et comment en sortirai-je ? par où ? par quelle porte ? quand sera-ce ? en quelle disposition ? Souffrirai-je mille et mille douleurs, qui me feront mourir désespérée ? aurai-je un transport au cerveau ? mourrai-je d'un accident ? Comment serai-je avec Dieu ? qu'aurai-je à lui présenter ?

Mme de Sévigné, *Lettres.*

Nous entrons dans l'avenir à reculons.

Paul Valéry

AVERSION

Une grande aversion présente est souvent le seul signe d'un grand amour passé.

Sainte-Beuve

J'ai conçu pour mon crime une juste terreur;
J'ai pris la vie en haine, et ma flamme en horreur.

Jean Racine, *Phèdre.*

AVERTISSEMENT

Père, gardez-vous à droite; père, gardez-vous à gauche.

Philippe II le Hardi, *Bataille de Poitiers, 1356.*

AVEU

Sidonie a plus d'un amant
C'est une chose bien connue
Qu'elle avoue, elle, fièrement.

Charles Cros, *Le Coffret de santal.*

Il est loin le temps des aveux
Naïfs, des téméraires vœux!
Je n'ai d'argent qu'en mes cheveux.

Charles Cros, *Le Coffret de santal.*

Il est, à mon sens, d'un plus grand homme de savoir avouer sa faute que de savoir ne la pas faire.

Paul de Gondi, cardinal de Retz, *Mémoires.*

Non, non, mon cher amour, je ne vous aimais pas!

Edmond Rostand, *Cyrano de Bergerac.*

AVEUGLEMENT

Nous courons sans souci dans le précipice, après que nous avons mis quelque chose devant nous pour nous empêcher de le voir.

Pascal, *Pensées.*

AVIS

Autant de têtes, autant d'avis.

Jean de La Fontaine

Si on m'avait demandé mon avis, j'aurais bien aimé à mourir entre les bras de ma nourrice : cela m'aurait ôté bien des ennuis, et m'aurait donné le Ciel bien sûrement et bien aisément; mais parlons d'autre chose.

Mme de Sévigné, *Lettres.*

Je pardonne aux gens de n'être pas de mon avis, je ne leur pardonne pas de n'être pas du leur.

Talleyrand

C'est une question de propreté : il faut changer d'avis comme de chemise.

Jules Renard, *Journal.*

AVOCAT

La gloire d'un bon avocat consiste à gagner de mauvais procès.

Honoré de Balzac, *Ursule Mirouet.*

L'affection ou la haine change la justice de face. Et combien un avocat bien payé par avance trouve-t-il plus juste la cause qu'il plaide !

Pascal, *Pensées.*

Ce serait beau, l'honnêteté d'un avocat qui demanderait la condamnation de son client !

Jules Renard, *Journal.*

Ce qui m'a dégoûté de la profession d'avocat, c'est la profusion de choses inutiles dont on a voulu charger ma cervelle.

Voltaire

AZUR

Où fuir dans la révolte inutile et perverse ?
Je suis hanté. L'Azur ! L'Azur ! L'Azur ! L'Azur !

Stéphane Mallarmé, *Poésies.*

B

BADAUDS

Le peuple de Paris est tant sot, tant badaud et tant inepte de nature, qu'un bateleur, un porteur de rogatons, un mulet avec ses cymbales, un vielleux au milieu d'un carrefour, assemblera plus de gens que ne ferait un bon prêcheur évangélique.

François Rabelais, *Gargantua.*

BAISER

Sentir sur ma lèvre appauvrie
Ton dernier baiser se gercer
La mort dans tes bras me bercer...
Me déshabiller de la vie !...

Tristan Corbière, *Les Amours jaunes.*

(...) Boire à sa bouche de rose
Son souffle en un baiser.

Théophile Gautier, *Poésies.*

Baise m'encor, rebaise-moi et baise ;
Donne-m'en un de tes plus savoureux ;
Donne-m'en un de tes plus amoureux ;
Je t'en rendrai quatre plus chauds que braise.

Louise Labé, *Sonnets.*

Plaignons les tourterelles, qui ne se baisent qu'au printemps !

Ninon de Lenclos

Un baiser légal ne vaut jamais un baiser volé.

Guy de Maupassant, *Confession d'une femme.*

Notre premier baiser, ne t'en souviens-tu pas,
Quand je te vis si pâle au toucher de mon aile,
Et que, les yeux en pleurs, tu tombas dans mes bras ?

Alfred de Musset, *Poésies,* « La Nuit de mai ».

Baiser de la bouche et des lèvres
Où notre amour vient se poser,
Plein de délices et de fièvres,
Ah ! j'ai soif, j'ai soif d'un baiser !

Gérard de Nerval

Baise et rebaise-moi ; belle bouche pourquoi
Te gardes-tu là-bas, quand tu seras blêmie,
A baiser (de Pluton ou la femme ou l'amie),
N'ayant plus ni couleur, ni rien semblable à toi ?
En vivant presse-moi de tes lèvres de roses,
Bégaye, en me baisant, à lèvres demi-closes
Mille mots tronçonnés, mourant entre mes bras.

Pierre de Ronsard

Un baiser, mais à tout prendre, qu'est-ce ?
Un serment fait d'un peu plus près, une promesse
Plus précise, un aveu qui veut se confirmer,
Un point rose qu'on met sur l'i du verbe aimer ;
C'est un secret qui prend la bouche pour oreille.

Edmond Rostand, *Cyrano de Bergerac.*

Lèvres ! Lèvres ! Baiser qui meurt, baiser qui mord.
Lèvres, lit de l'amour profond comme la mort !

Albert Samain, *Au Jardin de l'Infante.*

BAL

En un moment, je fus suffoqué par la chaleur, ébloui par les lumières, par les tentures rouges, par les ornements dorés, par les toilettes et les diamants... Les cuivres ardents et les éclats bourboniens de la musique militaire étaient étouffés sous les hourra.

Honoré de Balzac, *Le Lys dans la vallée.*

Les bals de l'Opéra sont l'endroit où l'on s'ennuie le plus et où l'on retourne avec le plus de plaisir.

Alexandre Dumas, *Herminie.*

Toute mère au bal est un notaire déguisé.

Léon Gozlan

Dansez, multipliez vos pas précipités,
Et dans les blanches mains les mains entrelacées,
Et les regards de feu, les guirlandes froissées,
Et le rire éclatant, cri des joyeux loisirs,
Et que la salle au loin tremble de vos plaisirs.

Alfred de Vigny, *Le Bal.*

BALZAC

Chacun, dans Balzac, même les portières, a du génie. Toutes les âmes sont des âmes, chargées de volontés jusqu'à la gueule. (...) J'ai maintes fois été étonné que la grande gloire de Balzac fût de passer pour un observateur; il m'avait toujours semblé que son principal mérite était d'être visionnaire, et visionnaire passionné.

Charles Baudelaire, *L'Art romantique.*

Il a des intuitions de génie, et des réflexions d'imbécile. C'est un chaos et un problème.

Emile Faguet

Quel homme aurait été Balzac s'il avait su écrire!

Gustave Flaubert, *Correspondance.*

BAPTÊME

Courbe la tête, fier Sicambre, adore ce que tu as brûlé, brûle ce que tu as adoré.

Saint-Rémi, *Baptême de Clovis à Reims le 25/12/496.*

BARBARE

Le mot me plaît, je l'accepte... C'est-à-dire plein d'une sève nouvelle, vivante et rajeunissante. C'est-à-dire voyageurs en marche vers la Rome de l'avenir, allant lentement sans doute, chaque génération avançant un peu, faisant halte dans la mort, mais d'autres n'en continuent pas moins.

Jules Michelet, *Le Peuple.*

Nous ne passons les peuples qu'on nomme barbares ni en courage, ni en humanité, ni en santé, ni en plaisirs ; et, n'étant ainsi ni plus vertueux, ni plus heureux, nous ne laissons pas de nous croire bien plus sages. L'énorme différence que nous remarquons entre les sauvages et nous ne consiste qu'en ce que nous sommes un peu moins ignorants.

Vauvenargues, *Réflexions et Maximes.*

BARBARIE

Ce que les hommes appellent civilisation, c'est l'état actuel des mœurs et ce qu'ils appellent barbarie, ce sont les états antérieurs. Les mœurs présentes, on les appellera barbares quand elles seront des mœurs passées.

Anatole France, *Sur la pierre blanche.*

BARBE

Sa barbe était d'argent comme un ruisseau d'avril.

Victor Hugo, *La Légende des siècles.*

Du côté de la barbe se trouve la toute-puissance.

Molière, *L'Ecole des femmes.*

BAS

Un bas rosâtre, orné de coins d'or, à la jambe,
Comme un souvenir est resté;
La jarretière, ainsi qu'un œil secret qui flambe,
Darde un regard diamanté.

Charles Baudelaire, *Les Fleurs du mal.*

(...) Et sur chaque jambe
Un bas céleste et vermeil
Flambe.

Théodore de Banville, *Sonnailles et clochettes.*

BATAILLE

La France a perdu une bataille, mais la France n'a pas perdu la guerre.

Charles de Gaulle

Le choc avait été très rude. Les tribuns
Et les centurions, ralliant les cohortes,
Humaient encor, dans l'air où vibraient leurs voix fortes,
La chaleur du carnage et ses âcres parfums.

José Maria de Heredia, *Les Trophées.*

Comment ne pas mourir de chagrin si on la perd, et de joie si on la gagne ?

Prince de Ligne

Tel que la haute mer contre les durs rivages,
A la grande tuerie ils se sont tous rués,
Ivres et haletants, par les boulets troués,
En d'épais tourbillons pleins de clameurs sauvages.

Leconte de Lisle, *Poèmes barbares.*

Ils tombent épuisés, la bataille était rude.
Près d'un fleuve, au hasard sur le dos, sur le flanc,
Ils gisent, engourdis par tant de lassitude
Qu'ils sont bien, dans la boue et dans leur propre sang.

Sully Prud'homme, *Poésies.*

BATAILLON

Dieu est d'ordinaire pour les gros bataillons contre les petits.

Bussy-Rabutin

BAVARDAGE

Moins on pense, plus on parle.

Montesquieu

Moins on parle, et bien souvent mieux on pense.

Sainte-Beuve

BEAUTÉ

La beauté de la femme est un fruit délicat : elle fleurit partout, mais elle ne mûrit qu'en espalier contre un mari.

Edmond About

...Car le Beau
Que je rêve, avant le tombeau,
M'aura fait des heures sereines.

Charles Cros

De tout temps la beauté a été ressentie par certains comme une secrète insulte.

Claude Debussy

Qu'il est doux d'être belle, alors qu'on est aimée!

Delphine Gay de Girardin

Vous n'êtes pas jolie, vous êtes pire.

Victor Hugo, *à une actrice.*

Beau comme la rencontre fortuite sur une table de dissection d'une machine à coudre et d'un parapluie.

Lautréamont, *Les Chants de Maldoror.*

Beauté, mon beau souci, de qui l'âme incertaine
A comme l'Océan son flux et son reflux :
Pensez de vous résoudre à soulager ma peine,
Ou je me vois résoudre à ne le souffrir plus.

François de Malherbe, *Poésies.*

La beauté pour le sexe est un rare trésor.
De l'admirer jamais on ne se lasse;
Mais ce qu'on nomme bonne grâce
Est sans prix, et vaut mieux encor.

Charles Perrault, *Cendrillon.*

Tout est beau dans ce que l'on aime;
Tout ce qu'on aime a de l'esprit.

Charles Perrault, *Riquet à la houppe.*

La beauté n'est que la promesse du bonheur.

Stendhal, *De l'amour.*

BELLE-MÈRE

C'est une dame qui donne sa ravissante fille en mariage à un monstre horrible et dépravé pour qu'ils fassent, ensemble, les plus beaux enfants du monde.

Alphonse Karr

Est-qu'en vérité je ne vous ai pas donné la plus jolie femme du monde ? Peut-on être plus honnête, plus régulière ? Peut-on vous aimer plus tendrement ? Peut-on avoir des sentiments plus chrétiens ? Peut-on souhaiter plus passionnément d'être avec vous ? et peut-on avoir plus d'attachement à tous ses devoirs ? Cela est assez ridicule que je dise tant de bien de ma fille ; mais c'est que j'admire sa conduite comme les autres.

Mme de Sévigné, *Lettres.*

BÉNÉDICTION

Dieu vous bénisse et vous fasse le nez comme j'ai la cuisse.

Beaumarchais, *Le Barbier de Séville.*

BÉNÉFICE

Plus un bénéfice est illégal, plus l'homme y tient.

Honoré de Balzac, *César Birotteau.*

BERCEUSE

Et quand tu t'endormiras,
Dans les draps
D'un somme, je t'éventerai de lointains opéras.

Jules Laforgue, *Les Complaintes.*

Et le ressouvenir des amours et des haines
Me bercera, pareil au bruit des mers lointaines.

Sully Prud'homme, *Poésies.*

BERLIOZ

Berlioz attache une boucle romantique à de vieilles perruques.

Claude Debussy

BESOIN

Pour moi, je n'ai qu'un besoin, celui de réussir.

Napoléon Ier

BETISE

La bêtise est souvent l'ornement de la beauté ; c'est elle qui donne aux yeux cette limpidité morne des étangs noirâtres et ce calme huileux des mers tropicales.

Charles Baudelaire

BIBLIOTHÈQUE

Que de gens sur la bibliothèque desquels on pourrait écrire « usage externe » comme sur les fioles de pharmacie.

Alphonse Daudet

Il y a des gens qui ont une bibliothèque comme les eunuques ont un harem.

Victor Hugo

BIEN

Il m'a fait trop de bien pour en dire du mal,
Il m'a fait trop de mal pour en dire du bien.

Pierre Corneille, *Poésies.*

Voulez-vous qu'on croie du bien de vous ? N'en dites pas.

Pascal, *Pensées.*

BIENFAISANCE

La bienfaisance est bien plutôt un vice de l'orgueil qu'une véritable vertu de l'âme.

Marquis de Sade, *La Philosophie dans le boudoir.*

BIENFAIT

Un bienfait perd sa grâce à le trop publier.

Pierre Corneille, *Théodore.*

Souvent on oublie un bienfait parce que le bienfaiteur s'en souvient.

Malesherbes

BIJOUX

Elle n'avait gardé que ses bijoux sonores,
Dont le riche attirail lui donnait l'air vainqueur
Qu'ont dans leurs jours heureux les esclaves des Mores.

Charles Baudelaire, *Les Fleurs du mal.*

Métaux qui donnez à ma jeune chevelure
Une splendeur fatale et sa massive allure.

Stéphane Mallarmé

J'ai placé sur mon front et l'or et le lapis.

Alfred de Vigny, *La Femme adultère.*

BILAN

Quand le moment viendra d'aller trouver les morts,
J'aurai vécu sans soins, et mourrai sans remords.

Jean de La Fontaine, *Le Songe d'un habitant du Mogol.*

BLAME

Sans la liberté de blâmer, il n'est point d'éloge flatteur.

Beaumarchais, *Le Mariage de Figaro.*

BLESSURE

Chacun de nous a sa blessure : j'ai la mienne.
Toujours vive, elle est là, cette blessure ancienne.
Elle est là, sous la lettre au papier jaunissant
Où l'on peut voir encor des larmes et du sang !

Edmond Rostand, *Cyrano de Bergerac.*

Le souvenir du fer gît dans ses flancs meurtris.

Sully Prud'homme, *Poésies.*

BŒUF

J'ai deux grands bœufs dans mon étable,
Deux grands bœufs blancs, marqués de roux...

Pierre Dupont, *Chansons.*

Non loin, quelques bœufs blancs, couchés parmi les
[herbes,
Bavent avec lenteur sur leurs fanons épais,
Et suivent de leurs yeux languissants et superbes
Le songe intérieur qu'ils n'achèvent jamais.

Leconte de Lisle, *Poèmes barbares.*

Deux bœufs tranquilles, à la robe d'un jaune pâle, véritables patriarches de la prairie, hauts de taille, un peu maigres, les cornes longues et rabattues, de ces vieux travailleurs qu'une longue habitude a rendu frères, et qui, privés l'un de l'autre, se refusent au travail avec un nouveau compagnon et se laissent mourir de chagrin.

George Sand, *La mare au diable.*

BOHÈME

Je m'en allais, les poings dans mes poches crevées;
Mon paletot aussi devenait idéal;
J'allais sous le ciel, Muse! et j'étais ton féal;
Oh! là! là! que d'amours splendides j'ai rêvées!

Arthur Rimbaud, *Poésies.*

BOIRE

Boire sans soif et faire l'amour en tout temps, madame, il n'y a que ça qui nous distingue des autres bêtes.

Beaumarchais, *Le Mariage de Figaro.*

BOIS

Grands bois, vous m'effrayez comme des cathédrales;
Vous hurlez comme l'orgue; et dans nos cœurs maudits,
Chambres d'éternel deuil où vibrent de vieux râles,
Répondent les échos de vos *De profundis.*

Charles Baudelaire, *Les Fleurs du mal.*

BONHEUR

Le bonheur humain est composé de tant de pièces qu'il en manque toujours.

Bossuet

Le vrai bonheur coûte peu ; s'il est cher, il n'est pas d'une bonne espèce.

Chateaubriand, *Mémoires d'outre-tombe.*

Religion à part, le bonheur est de s'ignorer et d'arriver à la mort sans avoir senti la vie.

Chateaubriand, *Mémoires d'outre-tombe.*

Pour vivre heureux, vivons caché.

Florian, *Fables.*

Le plus grand secret du bonheur, c'est d'être bien avec soi.

Fontenelle, *Du bonheur.*

J'étais heureux, si le bonheur consiste à vivre rapidement, à aimer de toutes ses forces, sans aucun sujet de repentir et sans espoir.

Eugène Fromentin, *Dominique.*

Car le bonheur est fait de trois choses sur terre,
Qui sont : un beau soleil, une femme, un cheval !

Théophile Gautier, *Poésies.*

Ni l'or ni la grandeur ne nous rendent heureux.

Jean de La Fontaine, *Philémon et Baucis.*

(...) Nulle part le bonheur ne m'attend.

Alphonse de Lamartine, *Les Méditations,* « L'Isolement ».

Notre grand et glorieux chef-d'œuvre, c'est vivre à propos. Toutes autres choses, régner, thésauriser, bâtir, n'en sont qu'appendicules et adminicules pour le plus.

Montaigne, *Essais.*

Si l'on bâtissait la maison du bonheur, la plus grande pièce serait la salle d'attente.

Jules Renard, *Journal.*

On n'est pas heureux : notre bonheur, c'est le silence du malheur.

Jules Renard, *Journal.*

Le bonheur, c'est de le chercher.

Jules Renard, *Journal.*

Le but, c'est d'être heureux. On n'y arrive que lentement. Il y faut une application quotidienne. Quand on l'est, il reste beaucoup à faire : à consoler les autres.

Jules Renard, *Journal.*

Poil de Carotte, mon ami, renonce au bonheur. Je te préviens, tu ne seras jamais plus heureux que maintenant, jamais, jamais.

Jules Renard, *Poil de Carotte.*

J'ai fait la magique étude
Du bonheur, que nul n'élude.

Arthur Rimbaud, *Poésies.*

Nous recherchons tous le bonheur, mais sans savoir où, comme des ivrognes qui cherchent leur maison, sachant confusément qu'ils en ont une.

Voltaire

La grande affaire et la seule qu'on doive avoir, c'est de vivre heureux.

Voltaire

Il y a certainement des gens heureux de vivre, dont les jouissances ne ratent pas et qui se gorgent de bonheur et de succès.

Emile Zola

BONTÉ

Dans ce monde, il faut être un peu trop bon pour l'être assez.

Marivaux, *Le Jeu de l'amour et du hasard.*

Comme on serait meilleur sans la crainte d'être dupe !

Jules Renard, *Journal.*

Celui qui a bon cœur n'est jamais sot.

George Sand, *François le Champi.*

Car la bonté de l'Homme est forte, et sa douceur
Ecrase, en l'absolvant, l'être faible et menteur.

Alfred de Vigny, *La Colère de Samson.*

BOTANIQUE

La botanique est l'art de dessécher les plantes entre des feuilles de papier buvard et de les injurier en grec et en latin.

Alphonse Karr

BOUCHE

Douce et belle bouchelette
Plus fraîche et plus vermeillette
Que le bouton aiglantin
Au matin.

Rémy Belleau

Bouche riant, plaisante bouche,
Qui baille devant qu'on la touche.
Bouche voudrois-tu emboucher
Celui qui voudroit te boucher ?

Victor Brodeau

BOUDOIR

Je suis un vieux boudoir plein de roses fanées,
Où gît tout un fouillis de modes surannées,
Où les pastels plaintifs et les pâles Boucher,
Seuls, respirent l'odeur d'un flacon débouché.

Charles Baudelaire, *Les Fleurs du mal.*

BOUQUET

Je vous envoie un bouquet que ma main
Vient de trier de ces fleurs épanies ;
Qui ne les eût à ce vêpre cueillies,
Chutes à terre elles fussent demain.

Pierre de Ronsard, *Les Amours de Marie.*

BOURGEOIS

Le bourgeois du XVIIe et XVIIIe siècle est un être bâtard, que la nature semble avoir arrêté dans son développement imparfait, être mixte, peu gracieux à voir, qui n'est ni d'en haut ni d'en bas, ne sait ni marcher ni voler, qui se plaît à lui-même et se prélasse dans ses prétentions.

Jules Michelet, *Le Peuple.*

Les bourgeois, ce sont les autres.

Jules Renard, *Journal.*

BOURGEOISIE

La bourgeoisie sans le peuple, c'est la tête sans les bras. Le peuple sans la bourgeoisie, c'est la force sans la lumière.

Edgar Quinet

BOURSE

Toute une vie de vols effroyables, non plus à main armée, comme les nobles aventuriers de jadis, mais en correct bandit moderne, au clair soleil de la Bourse, dans la poche du pauvre monde crédule, parmi les effondrements et la mort.

Emile Zola, *L'Argent.*

BRACONNAGE

En la forêt (sans la crainte des loups)
Je m'en allais souvent cueillir le houx,
Pour faire glu à prendre oiseaux ramages
Tous différents de chants et de plumages;
Ou me soulois pour les prendre entremettre
A faire brics ou cages pour les mettre;
Ou transnouais les rivières profondes,

Ou renforçais, sur le genou les frondes.
Puis d'en tirer droit et loin j'apprenais
Pour chasser loups ou abattre des noix.
O quantes fois aux arbres grimpé j'ai,
Pour dénicher ou la pie ou le geai,
Ou pour jeter des fruits jà mûrs et beaux
A mes compaings, qui tendaient leurs chapeaux.

Clément Marot

BRAISES

Le rêveur sent brûler des âmes
Dans les bleus éclairs des tisons.

Sully Prud'homme, *Poésies.*

BRAS

Pleurons avec la voix des femmes malheureuses
Sur la jeunesse morte et sur l'amour qui fuit
Malgré les bras tendus des tristes amoureuses.

Renée Vivien

BROUILLARD

Brouillards, montez ! versez vos cendres monotones
Avec de longs haillons de brume dans les cieux
Que noiera le marais livide des automnes
Et bâtissez un grand plafond silencieux !

Stéphane Mallarmé, *Poésies.*

BUREAUCRATIE

Il me semble que la bureaucratie ait, en France, pour unique fonction de ne rien faire et de tout empêcher. Si tel est en effet son rôle, il faut convenir qu'elle le remplit d'une façon irréprochable.

Delphine Gay de Girardin

C

CACHE-CACHE

A cache-cache, il se cache si bien qu'on l'oublie.

Jules Renard, *Poil de Carotte.*

CAFÉ

Ce bon élixir, le café
Met dans nos cœurs sa flamme noire.

Théodore de Banville, *Rondels.*

Si c'est un poison, c'est un poison lent.

Voltaire

CALEMBOUR

Le calembour est la fiente de l'esprit qui vole.

Victor Hugo, *Les Misérables.*

CALICE

Je voudrais maintenant vider jusqu'à la lie
Ce calice mêlé de nectar et de fiel !
Au fond de cette coupe où je buvais la vie,
Peut-être restait-il une goutte de miel ?

Alphonse de Lamartine, *Méditations.*

CALOMNIE

La calomnie est une guêpe qui vous importune et contre laquelle il ne faut faire aucun mouvement, à moins qu'on ne soit sûr de la tuer, sans quoi elle revient à la charge, plus furieuse que jamais.

Chamfort, *Maximes et Pensées.*

Plus une calomnie est difficile à croire,
Plus pour la retenir les sots ont de la mémoire.

Casimir Delavigne, *Théâtre.*

Les calomniateurs sont comme le feu qui noircit le bois vert, ne pouvant le brûler.

Voltaire, *Le Sottisier.*

CAMPAGNE

La campagne, cet éternel remède des affections auxquelles la médecine ne connaît rien.

Balzac, *Le Lys dans la vallée.*

CAPACITÉ

Un défaut qui empêche les hommes d'agir, c'est de ne pas sentir de quoi ils sont capables.

Bossuet

Les hommes ne croient jamais les autres capables de ce qu'ils ne le sont pas eux-mêmes.

Paul de Gondi, cardinal de Retz, *Mémoires.*

La France doit redouter également les gens qui ne sont capables de rien et les gens qui sont capables de tout.

Adolphe Thiers

CAPITAL

Le capital est du travail volé.

Auguste Blanqui, *Critique sociale.*

Le Capital mourrait si, tous les matins, on ne graissait pas les rouages de ses machines avec de l'huile d'homme.

Jules Vallès, *Jacques Vingtras.*

CARACTÈRE

Quiconque n'a pas de caractère n'est pas un homme, c'est une chose.

Chamfort, *Maximes et Pensées.*

Chaque homme a trois caractères : celui qu'il a, celui qu'il montre, et celui qu'il croit avoir.

Alphonse Karr

Un caractère bien fade est celui de n'en avoir aucun.

Jean de La Bruyère, *Les Caractères.*

CARNAVAL

Pour le bal qu'on prépare,
Plus d'une qui se pare,
Met devant son miroir
Le masque noir.

Alfred de Musset

CARRIÈRE

Dans tout service, il faut des gens intelligents, car enfin il y a un travail à faire, se disait-il. Sous Napoléon, j'eusse été sergent ; parmi ces futurs curés, je serais grand vicaire.

Stendhal, *Le Rouge et le Noir.*

CATIN

Je ne suis pas étonné que ce roman (Manon Lescaut) dont le héros est un fripon et l'héroïne une catin, plaise, parce que toutes les actions du héros, le chevalier des Grieux, ont pour motif l'amour, qui est toujours un motif noble, quoique la conduite soit basse. Manon aime aussi, ce qui lui fait pardonner le reste de son caractère.

Montesquieu

CÉLÉBRITÉ

La plupart des hommes célèbres meurent dans un véritable état de prostitution.

Sainte-Beuve

La célébrité, c'est l'avantage d'être connu de ceux qui ne vous connaissent pas.

Chamfort, *Maximes et Pensées.*

CÉLIBATAIRE

Hélas ! chez ton amant tu n'es point ramenée.
Tu n'as point revêtu ta robe d'hyménée.
L'or autour de tes bras n'a point serré de nœuds.
Les doux parfums n'ont point coulé sur tes cheveux.

André Chénier, *La Jeune Tarentine.*

L'avantage du célibataire sur l'homme marié, c'est qu'il peut toujours cesser de l'être s'il trouve qu'il s'est trompé.

Alphonse Karr

CENSURE

Pourvu que je ne parle ni de l'autorité, ni du culte, ni de la politique, ni de la morale, ni des gens en place, ni des corps en crédit, ni de l'Opéra, ni des autres spectacles, ni de personne qui tienne à quelque chose, je puis tout imprimer librement, sous l'inspection de deux ou trois censeurs.

Beaumarchais, *Le Mariage de Figaro.*

CENTENAIRE

Un sexagénaire est toujours robuste
Un septuagénaire est toujours robuste
Un octogénaire est toujours robuste
Un nonagénaire est toujours robuste
Un centenaire est toujours bulgare.

Gustave Flaubert

CERCUEIL

Le cercueil est le salon des morts, ils y reçoivent des vers.

Xavier Forneret

CERISE

Cerises d'amour, aux robes pareilles,
Tombant sous la feuille en gouttes de sang !...

Jean-Baptiste Clément, *Le Temps des cerises.*

CHAGRIN

Seigneur, je reconnais que l'homme est en délire
S'il ose murmurer ;
Je cesse d'accuser, je cesse de maudire,
Mais laissez-moi pleurer !

Victor Hugo, *Les Contemplations.*

Elle est partie hier. Suis-je pas triste d'elle ?
Mais c'est vrai ! Voilà donc le fond de mon chagrin !
Oh ! ma vie est aux plis de ta jupe fidèle !

Jules Laforgue, *Les Complaintes.*

On ne se console pas des chagrins, on s'en distrait.

Stendhal, *Armance.*

Le doge a ses chagrins, les gondoliers ont les leurs.

Voltaire, *Candide.*

CHAINES

Pour enchaîner les peuples, on commence par les endormir.

Jean-Paul Marat

D'un sourire j'ai fait la chaîne de mes yeux,
Et j'ai fait d'un baiser la chaîne de ma bouche.

Sully Prud'homme, *Poésies.*

CHAIR

La chair des femmes se nourrit de caresses comme l'abeille de fleurs.

Anatole France, *Le Lys rouge.*

La chair est triste, hélas ! et j'ai lu tous les livres.

Stéphane Mallarmé, *Poésies.*

CHAISE

Vis-à-vis la mienne
Une chaise attend :
Elle fut la sienne,
La nôtre un instant ;
D'un ruban signée
Cette chaise est là,
Toute résignée,
Comme me voilà !

Marceline Desbordes-Valmore, *Poésies.*

CHAMBRE

Et la chambre drapée en tulle vaporeux
Rose de la lueur des veilleuses voilées,
Où ne sonnent jamais les heures désolées !...
Parfums persuadeurs qui montent du lit creux !...

Charles Cros, *Le Coffret de santal.*

Et moi je suis dans ce lit cru
De chambre d'hôtel, fade chambre,
Seul, battu dans les vents bourrus
De novembre.

Jules Laforgue, *Les Complaintes.*

Je devinais, dans la pénombre,
Que tu tirais tes bas.
Ton cœur d'oiseau battait tout bas :
La chambre était très sombre...

Paul-Jean Toulet, *Les Contrerimes.*

CHAMP DE BATAILLE

... Nous nous figurions
Que la vague immobile et lourde des sillons
Ne laissait rien flotter ! Mais les plaines racontent,
Et la terre, ce soir, a des morts qui remontent !

Edmond Rostand, *L'Aiglon.*

CHAMPS ÉLYSÉES

Soleil sur les drapeaux ! multitudes grisées !
O retour, retour triomphal !
Parfum des marronniers de ces Champs Elysées
Que je vais descendre à cheval !

Edmond Rostand, *L'Aiglon.*

CHANCE

Les chanceux sont ceux qui arrivent à tout ; les malchanceux, ceux à qui tout arrive.

Eugène Labiche

CHANGEMENT

Plus ça change, plus c'est la même chose.

Alphonse Karr

CHANT

Aujourd'hui, ce qui ne vaut pas la peine d'être dit, on le chante.

Beaumarchais, *Le Barbier de Séville.*

Mais, ô mon cœur, entends le chant des matelots !

Stéphane Mallarmé, *Poésies.*

Ecoutez la chanson bien douce
Qui ne pleure que pour vous plaire,
Elle est discrète, elle est légère :
Un frisson d'eau sur de la mousse !

Paul Verlaine, *Sagesse.*

CHAPEAU

Il choisissait de ridicules chapeaux étroits pour se donner l'air d'avoir une forte tête.

Jules Renard, *Journal.*

CHARITÉ

Il est bon d'être charitable,
Mais envers qui ? C'est là le point.

La Fontaine, *Le Villageois et le Serpent.*

Il faut toujours rendre justice avant que d'exercer la charité.

Nicolas Malebranche

CHARNIER

Mais je n'ai plus trouvé qu'un horrible mélange
D'os et de chairs meurtris, et traînés dans la fange,
Des lambeaux pleins de sang, et des membres affreux
Que des chiens dévorants se disputaient entre eux.

Jean Racine, *Athalie.*

CHAROGNE

Au détour d'un sentier une charogne infâme
Sur un lit semé de cailloux,
Les jambes en l'air, comme une femme lubrique,
Brûlante et suant les poisons,
Ouvrait d'une façon nonchalante et cynique
Son ventre plein d'exhalaisons.

Charles Baudelaire, *Les Fleurs du mal.*

CHASSE

Les hommes s'occupent à suivre une balle et un lièvre; c'est le plaisir même des rois.

Pascal, *Pensées.*

CHAT

Les amoureux fervents et les savants austères
Aiment également, dans leur mûre saison,
Les chats puissants et doux, orgueils de la maison,
Qui comme eux sont frileux, et comme eux sédentaires.

Charles Baudelaire, *Les Fleurs du mal.*

Elle jouait avec sa chatte,
Et c'était merveille de voir
La main blanche et la blanche patte
S'ébattre dans l'ombre du soir.

Paul Verlaine, *Poèmes saturniens.*

CHEF-D'ŒUVRE

Les chefs-d'œuvre ne sont jamais que des tentatives heureuses.

George Sand, *François le Champi.*

CHEVAL

La plus noble conquête que l'homme ait jamais faite est celle de ce fier et fougueux animal, qui partage avec lui les fatigues de la guerre et la gloire des combats.

Buffon, *Histoire naturelle.*

CHEVELURE

Oui, elle était brune, brune de cheveux jusqu'au noir le plus jais, le plus miroir d'ébène que j'ai jamais vu reluire sur la voluptueuse convexité lustrée d'une tête de femme, mais elle était blonde de teint (...) c'était une blonde aux cheveux noirs.

Barbey d'Aurevilly, *Les Diaboliques.*

O toison, moutonnant jusque sur l'encolure !
O boucles ! O parfum chargé de nonchaloir !
Extase ! Pour peupler ce soir l'alcôve obscure
Des souvenirs dormant dans cette chevelure,
Je la veux agiter dans l'air comme un mouchoir !

Charles Baudelaire, *Les Fleurs du mal.*

Longtemps ! Toujours ! ma main dans ta crinière lourde
Sèmera le rubis, la perle et le saphir,
Afin qu'à mon désir tu ne sois jamais sourde.

Charles Baudelaire, *Les Fleurs du mal.*

Elle avait de beaux cheveux, blonds
Comme une moisson d'août, si longs
Qu'ils lui tombaient jusqu'aux talons.

Charles Cros

Et délivrés des morsures du peigne
Ses grands cheveux baisent son dos charmant.

Théophile Gautier, *Poésies.*

Elle avait les yeux verts, et jusque sur sa croupe
Ondoyait en torrent l'or de ses cheveux roux.

Théophile Gautier, *Poésies.*

Mais ta chevelure est une rivière tiède,
Où noyer sans frissons l'âme qui nous obsède
Et trouver ce Néant que tu ne connais pas !

Stéphane Mallarmé, *Poésies.*

(...) Les cheveux, les beaux cheveux, gardant leur flambée de soleil, coulaient en un ruissellement d'or.

Emile Zola, *Nana.*

CHÈVRE

M. Seguin n'avait jamais eu de bonheur avec ses chèvres. Il les perdait toutes de la même façon : un beau matin, elles cassaient leur corde, s'en allaient dans la montagne, et là-haut le loup les mangeait.

Alphonse Daudet, *Lettres de mon moulin.*

CHIEN

Le chien, c'est la vertu qui, ne pouvant se faire homme, s'est faite bête.

Victor Hugo

Qui veut noyer son chien l'accuse de la rage.

Molière, *Les Femmes savantes.*

CHOIX

Devine, si tu peux, et choisis, si tu l'oses.

Pierre Corneille, *Héraclius.*

CHOPIN

Chopin, frère du gouffre, amant des nuits tragiques,
Ame qui fut si grande en un si frêle corps.

Maurice Rollinat, *Les Névroses.*

CHRISTIANISME

Je suis devenu chrétien. Je n'ai point cédé, j'en conviens, à de grandes lumières surnaturelles ; ma conviction est sortie du cœur ; j'ai pleuré et j'ai cru.

Chateaubriand, *Le Génie du christianisme.*

Le christianisme a été prêché par des ignorants et cru par des savants, et c'est en quoi il ne ressemble à rien de connu.

Joseph de Maistre, *Considérations sur la France.*

CHUTE

Quand on tombe, on ne tombe jamais bien.

Alexandre Dumas fils, *Le Demi-Monde.*

L'archidiacre, lancé dans l'espace, tomba d'abord la tête en bas et les deux mains étendues, puis il fit plusieurs tours sur lui-même. Le vent le poussa sur le toit d'une maison où le malheureux commença à se briser. Cependant il n'était pas mort quand il y arriva. (...) Il essaya encore de se retenir au pignon avec ses ongles. Mais le plan était trop incliné, et il n'avait plus de force. Il glissa rapidement sur le toit comme une tuile qui se détache, et alla rebondir sur le pavé. Là, il ne remua plus.

Victor Hugo, *Notre-Dame de Paris.*

CICATRICE

Une cicatrice pareille
A celle d'un coup de poignard,
Forme une couture vermeille
Sur sa gorge d'un ton blafard.

Théophile Gautier, *Emaux et Camées.*

CID

En vain, contre le Cid, un ministre se ligue.
Tout Paris, pour Chimène, a les yeux de Rodrigue.
L'Académie en corps a beau le censurer
Le public révolté s'obstine à l'admirer.

Boileau, *Satires.*

CIEL

Quand le ciel bas et lourd pèse comme un couvercle.

Charles Baudelaire, *Les Fleurs du mal.*

Le ciel est triste et beau comme un grand reposoir;
Le soleil s'est noyé dans son sang qui se fige.

Charles Baudelaire, *Les Fleurs du mal.*

Ils regardaient monter en un ciel ignoré
Du fond de l'Océan des étoiles nouvelles.

José Maria de Heredia, *Les Trophées.*

Nous sommes tous les deux voisins du ciel, Madame,
Puisque vous êtes belle, et puisque je suis vieux.

Victor Hugo

Qu'il était bleu, le ciel, et grand, l'espoir!
L'espoir a fui, vaincu, vers le ciel noir.

Paul Verlaine, *Fêtes galantes.*

CISEAUX

Les jeunes femmes du peuple ont à la ceinture de larges crochets d'argent destinés à porter des ciseaux, qui pendent à l'extrémité d'une chaîne d'argent... Ces ciseaux, d'ailleurs, serviraient au besoin d'armes contre les insolents.

Stendhal, *Mémoires d'un touriste (Marseille).*

CITATION

On peut citer de mauvais vers, quand ils sont d'un grand poète.

Choderlos de Laclos, *Les Liaisons dangereuses.*

CITROUILLE

Le melon a été divisé en tranches par la nature, afin d'être mangé en famille; la citrouille, étant plus grosse, peut être mangée avec les voisins.

Bernardin de Saint-Pierre, *Etudes de la nature.*

CIVILISATION

L'invasion des idées a succédé à l'invasion des Barbares; la civilisation actuelle décomposée se perd en elle-même; le vase qui la contient n'a pas versé la liqueur dans un autre vase; c'est le vase qui s'est brisé.

Chateaubriand, *Mémoires d'outre-tombe.*

Ce que les hommes appellent civilisation, c'est l'état actuel des mœurs et ce qu'ils appellent barbarie, ce sont les états antérieurs. Les mœurs présentes, on les appellera barbares quand elles seront des mœurs passées.

Anatole France, *Sur la pierre blanche.*

La chute des civilisations est le plus frappant et en même temps le plus obscur de tous les phénomènes de l'histoire.

Gobineau, *Essai sur l'inégalité des races humaines.*

CIVISME

Je suis un bon citoyen parce que j'aime le gouvernement où je suis né, sans le craindre, et que je n'en attends d'autres faveurs que ce bien infini que je partage avec tous mes compatriotes.

Montesquieu

CLAIRON

L'air est pur, la route est large
Le clairon sonne la charge.

Paul Déroulède, *Les Chants du soldat.*

Sonnez, sonnez toujours, clairons de la pensée.

Victor Hugo, *Les Châtiments.*

CLEF

L'homme a reçu de la nature une clef avec laquelle il remonte la femme toutes les vingt-quatre heures.

Victor Hugo

Un poème est un mystère dont le lecteur doit chercher la clef.

Stéphane Mallarmé

Ayant remarqué que la clef du cabinet était tachée de sang, elle l'essuya deux ou trois fois, mais le sang ne s'en allait point.

Charles Perrault, *Barbe-Bleue.*

CLÉMENCE

La clémence des princes n'est souvent qu'une politique pour gagner l'affection des peuples.

La Rochefoucauld, *Maximes.*

CLOUAGE

Il me semble, bercé par ce choc monotone,
Qu'on cloue en grande hâte un cercueil quelque part...

Charles Baudelaire, *Les Fleurs du mal.*

COCU

J'ai fini par m'apercevoir que je n'étais plus le seul à partager la fidélité de mon épouse.

Eugène Labiche

N'est pas cocu qui veut. Si tu l'es, ta femme sera belle, tu seras bien traité d'elle, tu auras beaucoup d'amis, ton bien s'accroîtra.

Rabelais, *Pantagruel.*

Cocu : chose étrange que ce petit mot n'ait pas de féminin !

Jules Renard, *Journal.*

CŒUR

On voit dans le cœur des femmes par les trous qu'on fait à leur amour-propre.

Barbey d'Aurevilly

Nos deux cœurs seront deux vastes flambeaux,
Qui réfléchiront leurs doubles lumières
Dans nos deux esprits, ces miroirs jumeaux.

Charles Baudelaire, *Les Fleurs du mal.*

S'emparer d'un cœur qui n'a pas l'habitude des attaques, c'est entrer dans une ville ouverte et sans garnison.

Alexandre Dumas fils, *La Dame aux camélias.*

Mon Cœur est une horloge oubliée à demeure,
Qui, me sachant défunt, s'obstine à sonner l'heure!

Jules Laforgue, *Les Complaintes.*

Ah! Frappe-toi le cœur, c'est là qu'est le génie.

Alfred de Musset, *Poésies.*

Le cœur d'un homme d'Etat doit être dans sa tête.

Napoléon

Le cœur a ses raisons que la raison ne connaît point.

Pascal, *Pensées.*

Le cœur n'a pas de rides.

Mme de Sévigné, *Lettres.*

La vie est pleine de choses qui blessent le cœur.

Mme de Sévigné, *Lettres.*

Mon cœur, si doux à prendre
Entre tes mains,
Ouvre-le, ce n'est rien
Qu'un peu de cendre

Paul-Jean Toulet, *Les Contrerimes.*

Les grandes pensées viennent du cœur.

Vauvenargues

Voici des fruits, des fleurs, des feuilles et des branches
Et puis voici mon cœur, qui ne bat que pour vous.
Ne le déchirez pas avec vos deux mains blanches
Et qu'à vos yeux si beaux l'humble présent soit doux.

Verlaine, *Romances sans paroles.*

COLLÈGE

Rêves d'enfant, voix de la neige,
Et vous, murs où la nuit
Tournait avec mon jeune ennui...
Collège, noir manège.

Paul-Jean Toulet, *Les Contrerimes.*

COLONIES

Dans les colonies nouvelles, les Espagnols commencent par bâtir une église, les Anglais une taverne et les Français un fort.

Chateaubriand, *Itinéraire de Paris à Jérusalem.*

L'effet ordinaire des colonies est d'affaiblir les pays d'où on tire les colons, sans peupler ceux où on les envoie.

Montesquieu, *Lettres persanes.*

COMBAT

Et le combat cessa, faute de combattants.

Pierre Corneille, *Le Cid.*

COMMANDEMENT

Aucun homme n'a reçu de la nature le droit de commander les autres.

Diderot, *Encyclopédie.*

Celui qui obéit est presque toujours meilleur que celui qui commande.

Ernest Renan, *Dialogues et fragments philosophiques.*

COMÈTE

J'ai vu cette nuit la comète : sa queue est d'une fort belle longueur; j'y mets une partie de mes espérances.

Mme de Sévigné, *Lettres.*

COMMERÇANT

Cette figure blême annonçait la patience, la sagesse commerciale, et l'espèce de cupidité rusée que réclament les affaires.

Honoré de Balzac, *La Maison du chat-qui-pelote.*

COMPLIMENT

Les compliments sont des bonbons dont les femmes raffolent toute leur vie; jeunes, pour les croquer à pleines dents; vieilles, pour les faire fondre doucement entre leurs dents.

Auguste Rodin

COMPTE

Dans la vie il faut savoir compter, mais pas sur les autres.

Paul-Jean Toulet

CONCERT

(...) Un de ces concerts, riches de cuivre,
Dont les soldats parfois inondent nos jardins,
Et qui, dans ces soirs d'or où l'on se sent revivre,
Versent quelque héroïsme au cœur des citadins.

Charles Baudelaire, *Les Fleurs du mal,* « Les Petites Vieilles ».

CONFESSION

Ceux-là seuls vous font de belles confessions qui aiment encore leurs fautes.

Anatole France, *La Vie littéraire.*

CONFIANCE

Savoir se fier est une qualité très rare, et qui marque autant un esprit élevé au-dessus du commun.

Paul de Gondi, cardinal de Retz, *Mémoires.*

Un homme qui ne se fie pas à soi-même ne se fie véritablement à personne.

Paul de Gondi, cardinal de Retz, *Mémoires.*

CONNAISSANCE

Savoir par cœur n'est pas savoir : c'est tenir ce qu'on a donné en garde à sa mémoire.

Montaigne, *Essais.*

Le simple écolier sait maintenant des vérités pour lesquelles Archimède eût sacrifié sa vie.

Ernest Renan

CONNAISSANCE (DE SOI)

Qui se connaît, connaît aussi les autres; car chaque homme porte la forme entière de l'humaine condition.

Montaigne, *Essais.*

Apprends à te connaître : tu t'aimeras moins ; et à connaître les autres, tu ne les aimeras plus.

Paul-Jean Toulet, *Monsieur du Paur, homme public.*

CONQUISTADORS

Comme un vol de gerfauts hors du charnier natal,
Fatigués de porter leurs misères hautaines,
De Palos de Moguer, routiers et capitaines
Partaient, ivres d'un rêve héroïque et brutal.

José Maria de Heredia, *Les Trophées.*

CONSCIENCE

La conscience est un bâton que chacun prend pour battre son voisin.

Honoré de Balzac, *Pensées.*

Science sans conscience n'est que ruine de l'âme.

Rabelais, *Pantagruel.*

La conscience est la voix de l'âme, les passions sont la voix du corps. (...) La conscience ne trompe jamais ; elle est le vrai guide de l'homme : elle est à l'âme ce que l'instinct est au corps ; qui la suit obéit à la nature et ne craint point de s'égarer.

Jean-Jacques Rousseau, *Emile.*

Conscience ! conscience ! instinct divin, immortelle et céleste voix ; guide assuré d'un être ignorant et borné, mais intelligent et libre ; juge infaillible du bien et du mal, qui rend l'homme semblable à Dieu, c'est toi qui fais l'excellence de sa nature et la moralité de ses actions.

Jean-Jacques Rousseau, *Emile.*

CONSEIL

Il y a des mauvais conseils que seule une honnête femme peut donner.

Alfred Capus, *Les Passagères.*

En général, on ne demande de conseils que pour ne pas les suivre ou, si on les a suivis, reprocher à quelqu'un de les avoir donnés.

Alexandre Dumas

On donne facilement des conseils ; ça amuse beaucoup celui qui les donne et ça n'engage à rien celui qui les reçoit.

Alphonse Karr

CONSEILLER

Ne faut-il que délibérer ?
La cour en conseillers foisonne :
Est-il besoin d'exécuter ?
L'on ne rencontre plus personne.

Jean de La Fontaine, *Conseil tenu par les rats.*

CONSERVATEUR

Il n'y a que deux grands courants dans l'histoire de

l'humanité : la bassesse qui fait les conservateurs et l'envie qui fait les révolutionnaires.

Edmond et Jules de Goncourt, *Journal.*

CONTE

Depuis plus de cinquante ans que je subis l'ennui de la vie réelle, je n'ai trouvé aux soucis qui la dévorent qu'une compensation, c'est d'entendre des contes et d'en composer moi-même.

Charles Nodier

CONTENTEMENT

Quand on n'a pas ce que l'on aime, il faut aimer ce que l'on a.

Bussy-Rabutin *(attribué aussi à* **Thomas Corneille***)*

Contentement passe richesse.

Molière, *Le Médecin malgré lui.*

CONTESTATION

Etre contesté, c'est être constaté.

Victor Hugo

CONTINUITÉ

Pourquoi faire des adieux ?
Le même sang change d'artères,
Les filles ont les yeux de leurs mères,
Et les fils le front des aïeux.

Sully Prud'homme, *Poésies.*

CONTRE-EMPLOI

On pense à moi pour une place mais par malheur j'y étais propre ; il fallait un calculateur, ce fut un danseur qui l'obtint.

Beaumarchais, *Le Mariage de Figaro.*

CONTRITION

Prince Jésus qui sur tous a maistrie
Garde qu'Enfer n'ait de nous seigneurie :
A luy n'avons que faire ne que souldre
Hommes, ici n'a point de moquerie,
Mais priez Dieu que tous nous veuille absoudre !

François Villon, *Ballade des pendus.*

CONVERSATION

En conversation, il gravait le mot. Il avait le style lapidaire, et même lapidant, car il était né caustique, et les pierres qu'il jetait dans le jardin des autres atteignaient toujours quelqu'un.

Barbey d'Aurevilly, *Les Diaboliques.*

On reproche aux gens de parler d'eux-mêmes, c'est pourtant le sujet qu'ils traitent le mieux.

Anatole France, *La Vie littéraire.*

L'esprit de la conversation consiste bien moins à en montrer beaucoup qu'à en faire trouver aux autres. Celui qui sort de votre entretien content de soi et de son esprit l'est de vous parfaitement.

Jean de La Bruyère, *Les Caractères.*

La conversation est un jeu de sécateur où chacun taille la voix du voisin aussitôt qu'elle pousse. Je ne ris pas de la plaisanterie que vous faites, mais de celle que je vais faire.

Jules Renard, *Journal.*

Nous faisons quelquefois des conversations d'une tristesse qu'il semble qu'il n'y ait plus qu'à nous enterrer.

Mme de Sévigné, *Lettres.*

CONVERSION

Je suis devenu chrétien. Je n'ai point cédé, j'en conviens, à de grandes lumière surnaturelles ; ma conviction est sortie du cœur : j'ai pleuré, et j'ai cru...

Chateaubriand, *Le Génie du christianisme.*

(...) Dieu bénit l'homme,
Non pour avoir trouvé, mais pour avoir cherché.

Victor Hugo, *Les Contemplations.*

CONVICTION

La conviction est la volonté humaine arrivée à sa plus grande puissance.

Balzac, *Le Curé de village.*

COQ

Un oiseau qui chante sur le fumier.

Napoléon Ier

COQUETTERIE

Une femme qui n'a qu'un amant croit n'être point coquette ; celle qui a plusieurs amants croit n'être que coquette.

Jean de La Bruyère, *Les Caractères.*

Une laide est plutôt coquette qu'une belle ; elle agace les hommes et l'autre les attend.

Sainte-Beuve

La femme coquette est l'agrément des autres et le mal de qui la possède.

Voltaire, *Epîtres.*

COR

Dieu que le son du cor est triste au fond des bois !

Alfred de Vigny, *Poèmes antiques et modernes.*

CORNEILLE

Corneille nous assujettit à ses caractères et à ses idées, (...) il peint les hommes comme ils devraient être.

Jean de La Bruyère, *Les Caractères.*

CORPS

Le corps est la baraque où notre existence est campée.

Joseph Joubert, *Pensées.*

Oui, mon corps est moi-même, et j'en veux prendre soin :
Guenille si l'on veut, ma guenille m'est chère.

Molière, *Les Femmes savantes.*

(...) Heureux les corps !
Ils ont la paix quand ils se couchent,
Et le néant quand ils sont morts.

Sully Prud'homme, *Poésies.*

CORRECTION

Il y a deux chose que l'expérience doit apprendre : la première, c'est qu'il faut beaucoup corriger ; la seconde, c'est qu'il ne faut pas trop corriger.

Delacroix, *Journal.*

COUPABLE

Il vaut mieux hasarder de sauver un coupable que de condamner un innocent.

Voltaire, *Zadig.*

COUPLE

L'homme sans la femme et la femme sans l'homme sont des êtres imparfaits dans l'ordre naturel. Mais plus il y a de contraste dans leurs caractères, plus il y a d'union dans leurs harmonies.

Bernardin de Saint-Pierre

COURAGE

Un fait courageux ne doit pas conclure un homme vaillant.

Montaigne, *Essais.*

Le courage consiste à savoir choisir le moindre mal, si affreux qu'il soit encore.

Stendhal, *La Chartreuse de Parme.*

Le courage, c'est l'art d'avoir peur sans que cela paraisse.

Pierre Véron

COURONNE

Mon prix n'est pas dans ma couronne.

Devise d'**Anne d'Autriche**

COURTISAN

En vain, pour satisfaire à nos lâches envies,
Nous passons près des rois tout le temps de nos vies
A souffrir des mépris et ployer les genoux.

François de Malherbe

Un courtisan est semblable à ces plantes faites pour ramper, qui s'attachent à tout ce qu'elles trouvent.

Montesquieu, *Mes pensées.*

COURTISANE

A Paris, lorsque Dieu y plante une jolie femme, le Diable, en réplique, y plante immédiatement un sot pour l'entretenir.

Barbey d'Aurevilly, *Les Diaboliques.*

Chez elles, le corps a usé l'âme, les sens ont brûlé le cœur, la débauche a cuirassé les sentiments. Les mots qu'on leur dit, elles les savent depuis longtemps, les moyens que l'on emploie, elles les connaissent, l'amour même qu'elles inspirent, elles l'ont vendu.

Alexandre Dumas fils, *La Dame aux camélias.*

Pauvres créatures ! Si c'est un tort de les aimer, c'est bien le moins qu'on les plaigne.

Alexandre Dumas fils, *La Dame aux camélias.*

La courtisane est un mythe. Jamais une femme n'a inventé la débauche.

Gustave Flaubert, *Correspondance.*

CRAINTE

La jalousie est un doute, la crainte est une petitesse.

Honoré de Balzac, *Le Contrat de mariage.*

Fi du plaisir
Que la crainte peut corrompre.

Jean de La Fontaine, *Le Rat de ville et le Rat des champs.*

Quand je pourrais me faire craindre, j'aimerais encore mieux me faire aimer.

Montaigne, *Essais.*

Qui craint de souffrir, il souffre déjà de ce qu'il craint.

Montaigne, *Essais.*

La crainte suit le crime, et c'est son châtiment.

Voltaire, *Sémiramis.*

CRÉDULITÉ

L'incrédulité est quelquefois le vice d'un sot, et la crédulité le défaut d'un homme d'esprit.

Diderot, *Pensées philosophiques.*

CRÉPUSCULE

Les soleils couchants
Revêtent les champs,
Les canaux, la ville entière,
D'hyacinthe et d'or.

Charles Baudelaire, *Les Fleurs du mal.*

Le soleil suspendu aux portes du couchant dans des draperies de pourpre et d'or.

Chateaubriand, *Essai sur les révolutions.*

L'horizon tout entier s'enveloppe dans l'ombre,
Et le soleil mourant, sur un ciel riche et sombre,
Ferme les branches d'or de son rouge éventail.

José Maria de Heredia, *Les Trophées.*

Un couchant mal bâti suppurant du livide.

Jules Laforgue, *Les Complaintes.*

Le couchant de sang est taché
Comme un tablier de boucher.

Jules Laforgue, *Les Complaintes.*

Douceur du soir ! Douceur de la chambre sans lampe !
Le crépuscule est doux comme une bonne mort
Et l'ombre lentement qui s'insinue et rampe
Se déroule en pensée au plafond. Tout s'endort.

Georges Rodenbach, *Le Règne du silence.*

Tandis que dans le couchant roux
Passent les éphémères,
Dormez sous les feuilles amères.
Ma jeunesse avec vous.

Paul-Jean Toulet, *Les Contrerimes.*

On rit, on se baise, on déjeune...
Le soir tombe : on n'est plus très jeune.

Paul-Jean Toulet, *Les Contrerimes.*

CRI

J'entends dans le lointain des cris prolongés de la douleur la plus poignante.

Lautréamont, *Les Chants de Maldoror.*

CRIME

Un crime est avant tout un manque de raisonnement.

Honoré de Balzac, *La Cousine Bette.*

Les hommes rougissent moins de leurs crimes que de leurs faiblesses et de leur vanité.

Jean de La Bruyère, *Les Caractères.*

Et qui pardonne au crime en devient le complice.

Voltaire, *Brutus.*

CRIMINEL

Un homme couvert de crimes est toujours intéressant. C'est une cible pour la Miséricorde.

Léon Bloy, *Le Désespéré.*

CRITIQUE

Tous les grands poètes deviennent naturellement, fatalement, critiques.

Charles Baudelaire, *L'Art romantique.*

Tous les jours à la cour, un sot de qualité
Peut juger de travers avec impunité,
A Malherbe, à Racan, préférer Théophile,
Et le clinquant du Tasse à tout l'or de Virgile.

Nicolas Boileau, *Satires.*

La critique est aisée, mais l'art est difficile.

Destouches, *Le Glorieux.*

On fait de la critique quand on ne peut pas faire de l'art, de même qu'on se met mouchard quand on ne peut pas être soldat.

Gustave Flaubert

Le bon critique est celui qui raconte les aventures de son âme au milieu des chefs-d'œuvre.

Anatole France

Le plaisir de la critique nous ôte celui d'être vivement touchés de très belles choses.

Jean de La Bruyère, *Les Caractères.*

Vieil océan, tes eaux sont amères. C'est exactement le même goût de fiel que distille la critique sur les beaux arts, sur les sciences, sur tout. Si quelqu'un a du génie, on le fait passer pour un idiot; si quelque autre est beau de corps, c'est un bossu affreux. Certes il faut que l'homme sente avec force son imperfection, dont les trois quarts d'ailleurs ne sont dus qu'à lui-même, pour la critiquer ainsi!

Lautréamont, *Les Chants de Maldoror.*

La critique est Thésée, et l'art est Hippolyte!

Toulouse-Lautrec

CROIRE

On risque autant à croire trop qu'à croire trop peu.

Diderot, *Pensées philosophiques.*

Il est doux de croire, même à l'enfer.

Anatole France

Je crois ce que je dis, je fais ce que je crois.

Victor Hugo

Aimer, c'est la moitié de croire.

Victor Hugo, *Les Chants du crépuscule.*

CUEILLETTE

Quand les sauvages de la Louisiane veulent avoir un fruit, ils coupent l'arbre au pied et cueillent le fruit.

Montesquieu, *De l'esprit des lois.*

CUISINE

La cuisine, c'est quand les choses ont le goût de ce qu'elles sont.

Curnonsky

CUISINIER

On devient cuisinier mais on naît rôtisseur.

Brillat-Savarin, *Physiologie du goût.*

CULTURE

La culture, c'est comme la confiture, moins on en a, plus on l'étale.

Anonyme

Il n'y a pas d'homme cultivé. Il n'y a que des hommes qui se cultivent.

Maréchal Foch

La culture, c'est ce qui demeure dans l'homme lorsqu'il a tout oublié.

Emile Henriot, *Notes et Maximes.*

CURIOSITÉ

Il y a toujours un moment où la curiosité devient un péché, et le diable s'est toujours mis du côté des savants.

Anatole France

La curiosité malgré tous ses attraits,
Coûte souvent bien des regrets;
On en voit tous les jours mille exemples paraître.
C'est, n'en déplaise au sexe, un plaisir bien léger,
Dès qu'on le prend il cesse d'être,
Et toujours il coûte trop cher.

Charles Perrault, *Barbe-Bleue.*

On n'est curieux qu'à proportion qu'on est instruit.

Jean-Jacques Rousseau, *Emile.*

D

DATE

Dans toutes les existences, on note une date où bifurque la destinée, soit vers une catastrophe, soit vers le succès.

La Rochefoucauld

DÉBAUCHE

On s'écrase sans plus se voir, en quête
Du plaisir d'or et de phosphore;
Des femmes s'avancent, pâles idoles
Avec, en leurs cheveux, les sexuels symboles.

Emile Verhaeren, *Les Campagnes hallucinées.*

DÉCEPTION

Le fâcheux avec les hommes, c'est qu'ils vous déçoivent toujours, soit qu'on s'y fie, soit qu'on s'en méfie.

Fréron

DÉFAITE

Accepter l'idée d'une défaite, c'est être vaincu.

Maréchal Foch

DÉFAUT

Fuyez un ennemi qui sait votre défaut.

Pierre Corneille, *Polyeucte.*

Chacun a son défaut, où toujours il revient.

Jean de La Fontaine, *L'Ivrogne et sa Femme.*

Si nous n'avions point de défauts, nous ne prendrions pas tant de plaisir à en remarquer dans les autres.

La Rochefoucauld, *Maximes.*

Pour la plupart des hommes, se corriger consiste à changer de défauts.

Voltaire

DÉFIANCE

Il est plus honteux de se défier de ses amis que d'en être trompé.

La Rochefoucauld, *Maximes.*

DÉGÉNÉRESCENCE

Tout est bien sortant des mains de l'auteur des choses ; tout dégénère entre les mains de l'homme.

Jean-Jacques Rousseau

DÉLUGE

Il n'y a que l'inutilité du premier déluge qui empêche Dieu d'en envoyer un second.

Chamfort

DEMAIN

Demain, j'irai demain voir ce pauvre chez lui,
Demain, je reprendrai le livre à peine ouvert,
Demain, je te dirai, mon âme, où je te mène,
Demain, je serai juste et fort... Pas aujourd'hui.

Sully Prud'homme, *Poésies.*

DÉMARCHE

En marchant les femmes peuvent tout montrer, mais ne rien laisser voir.

Honoré de Balzac

DÉMOCRATIE

Le pouvoir pour les poux de manger les lions.

Clemenceau

DÉMONSTRATION

Pour expliquer un brin de paille, il faut démonter tout l'univers.

Remy de Gourmont

DÉPART

Rien ne sert de courir; il faut partir à point.

Jean de La Fontaine, *Le Lièvre et la Tortue.*

DÉPRAVATION

La dépravation suit les progrès des lumières. Chose très naturelle, que les hommes ne puissent s'éclairer sans se corrompre.

Restif de la Bretonne, *Le Pornographe.*

DÉPRESSION

On peut être las de tout sans rien connaître, fatigué de traîner sa casaque sans avoir lu Werther ni René, et il n'y a pas besoin d'être reçu bachelier pour se brûler la cervelle.

Gustave Flaubert, *Par les champs et par les grèves.*

DÉPUTÉ

Il faut avoir vécu dans cet isoloir qu'on appelle Assemblée nationale, pour concevoir comment les hommes qui ignorent le plus complètement l'état d'un pays sont presque toujours ceux qui le représentent.

Proudhon

DÉRISION

Je me presse de rire de tout, de peur d'être obligé d'en pleurer.

Beaumarchais, *Le Barbier de Séville*

DERNIER

Si l'on n'est plus que mille, eh bien, j'en suis ! Si même
Ils ne sont plus que cent, je brave encor Sylla ;
S'il en demeure dix, je serai le dixième ;
Et s'il n'en reste qu'un, je serai celui-là !

Victor Hugo, *Les Châtiments.*

DÉSESPOIR

O Seigneur ! ouvrez-moi les portes de la nuit,
Afin que je m'en aille et que je disparaisse.

Victor Hugo, *Les Contemplations.*

Mon unique espérance est dans mon désespoir.

Jean Racine, *Bajazet.*

L'homme est désespéré de faire partie d'un monde infini, où il compte pour zéro.

Ernest Renan

Quand on a tout perdu, quand on n'a plus d'espoir,
La vie est un opprobre et la mort un devoir.

Voltaire, *Mérope.*

DÉSHONNEUR

Quoi qu'on fasse, on ne peut se déshonorer quand on est riche.

Diderot, *Le Neveu de Rameau.*

DÉSIR

Et le désir s'accroît quand l'effet se recule.

Pierre Corneille, *Polyeucte.*

Un désir satisfait en fait naître un autre dans le cœur d'un amant. Sur ce qu'on lui permet, il voit ce qu'on peut lui permettre.

Crébillon fils

Elle ne disait plus rien, les yeux baissés, révoltée toujours dans son âme et dans sa chair, devant ce désir incessant de l'époux, n'obéissant qu'avec dégoût, résignée, mais humiliée, voyant là quelque chose de bestial, de dégradant, une saleté enfin.

Guy de Maupassant, *Une Vie.*

Nous nous tenions la main. Je sentais la piqûre
Du désir s'enfoncer dans mon cœur énervé
Et le désir croissait, de se voir observé.
Oh! l'âcre volupté que le danger procure!

Jean Richepin

On ne peut désirer ce qu'on ne connaît pas.

Voltaire, *Zaïre.*

DÉSOBÉISSANCE

Il est beau qu'un soldat désobéisse à des ordres criminels.

Anatole France

DESPOTISME

Quand les sauvages de la Louisiane veulent avoir un fruit, ils coupent l'arbre au pied et cueillent le fruit. Voilà le gouvernement despotique.

Montesquieu, *De l'esprit des lois.*

DESSEIN

Pour exécuter de grandes choses, il faut vivre comme si on ne devait jamais mourir.

Vauvenargues

DESTINATION

Savoir où l'on veut aller, c'est très bien; mais il faut encore montrer qu'on y va.

Emile Zola

DESTINÉE

On rencontre sa destinée
Souvent par des chemins qu'on prend pour l'éviter.

Jean de La Fontaine, *L'Horoscope.*

DÉTRESSE

La débauche et la faim s'accouplent en leur trou
Et le choc noir des détresses charnelles
Danse et bondit à mort dans les ruelles.

Emile Verhaeren, *Les Campagnes hallucinées.*

DETTE

Qui perd ses dettes s'enrichit.

Balzac, *Proverbes.*

DEUIL

Le front pâli par un long jeûne,
Triste et douce, en grand deuil.

Théodore de Banville, *Odelettes.*

... Quand vous montez lentement vers ces portes,
Votre robe de deuil traîne des feuilles mortes.

Edmond Rostand, *Cyrano de Bergerac.*

Le noir sied à son front poli.
Et par ce front le chagrin même
Est embelli.

Sully Prud'homme, *Poésies.*

DEVOIR

Le devoir, l'honneur ! Des mots à qui l'on fait dire ce qu'on veut, comme aux perroquets.

Alfred Capus, *Mariage bourgeois.*

Le devoir, c'est ce qu'on exige des autres.

Alexandre Dumas

Avec le mot devoir, on fait danser le citoyen comme un ours avec une musette.

Remy de Gourmont

Quand dans un royaume il y a plus d'avantage à faire sa cour qu'à faire son devoir, tout est perdu.

Montesquieu

DÉVOT

Ah ! pour être dévot, je n'en suis pas moins homme !

Molière, *Le Tartuffe.*

Un dévot est celui qui sous un roi athée serait athée.

Jean de La Bruyère, *Les Caractères.*

DÉVOUEMENT

Le dévouement est la plus belle coiffure d'une femme.

Eugène Labiche, *Un chapeau de paille d'Italie.*

DIABLE

Ne disons pas du mal du diable : c'est peut-être l'homme d'affaires du bon Dieu.

Fontenelle

DIAGNOSTIC

Monseigneur, dans vingt-quatre heures, vous serez mort ou guéri.

Chicot, *médecin, au cardinal de Richelieu agonisant.*

DIAMANT

L'âme du diamant est la lumière.

Joseph Joubert, *Pensées.*

DIANE

La diane chantait dans les cours des casernes,
Et le vent du matin soufflait sur les lanternes.

Charles Baudelaire, *Les Fleurs du mal.*

DICTATURE

Les dictatures sont comme le supplice du pal : elles commencent bien, mais elles finissent mal.

Georges Clemenceau

DICTIONNAIRE

Un dictionnaire, c'est tout l'univers par ordre alphabétique.

Anatole France

DIEU

Dieu n'est pas un tout qu'on partage.

Bossuet, *Discours sur l'histoire universelle.*

Il est un Dieu. Les herbes de la vallée et les cèdres du Liban le bénissent, l'insecte bruit ses louanges, et l'éléphant le salue au lever du soleil ; les oiseaux chantent dans le feuillage, le vent le murmure dans les forêts, la foudre tonne sa puissance, et l'Océan déclare son immensité ; l'homme seul a dit : il n'y a point de Dieu.

Chateaubriand, *Essai sur les révolutions.*

Quand on voit la vie telle que Dieu l'a faite, il n'y a qu'à le remercier d'avoir fait la mort.

Alexandre Dumas fils, *Denise.*

C'est Dieu qui nous fait vivre
C'est Dieu qu'il faut aimer

François de Malherbe, *Poésies.*

C'est le cœur qui sent Dieu, et non la raison.

Pascal, *Pensées.*

Le vrai Dieu, le Dieu fort, c'est le Dieu des idées.

Alfred de Vigny, *Les Destinées.*

L'univers m'embarrasse, et je ne puis songer
Que cette horloge existe et n'ait pas d'horloger.

Voltaire, *Poésies.*

Si Dieu n'existait pas, il faudrait l'inventer.

Voltaire, *Epîtres.*

DIFFÉRENCE

J'ai assez vécu pour voir que différence engendre haine.

Stendhal, *Le Rouge et le Noir.*

DIGNITÉ

Toute notre dignité consiste donc en la pensée. C'est de là qu'il faut nous relever, et non de l'espace et de la durée, que nous ne saurions remplir. Travaillons donc à bien penser : voilà le principe de la morale.

Pascal, *Pensées.*

DILEMME

Je meurs si je vous perds, mais je meurs si j'attends.

Jean Racine, *Andromaque.*

DIMANCHE

C'est Dimanche aujourd'hui. L'air est couleur du miel.
Le rire d'un enfant perce la cour aride :
On dirait un glaïeul élancé vers le ciel.
Un orgue au loin se tait.
L'heure est plate et sans ride.

Paul-Jean Toulet, *Les Contrerimes.*

DIPLOMATE

Les diplomates trahissent tout, excepté leurs émotions.

Victor Hugo

DISCOURS

Les chefs-d'œuvre de la langue française sont les discours de distribution pour les lycées, et les discours académiques.

Lautréamont, *Poésies.*

Les discours des hommes ne sont que des masques qu'ils appliquent sur leurs actions.

Stendhal, *Filosofia nova.*

DISCRÉTION

Je me suis souvent repenti d'avoir parlé, mais jamais de m'être tu.

Philippe de Commynes

La parfaite valeur est de faire sans témoin ce qu'on serait capable de faire devant tout le monde.

Le Rochefoucauld, *Maximes.*

Si vous croyez que je vais dire
Qui j'ose aimer,
Je ne saurais, pour un empire,
Vous la nommer.

Alfred de Musset, *Le Chandelier.*

Généralement, les gens qui savent peu parlent beaucoup, et les gens qui savent beaucoup parlent peu.

Jean-Jacques Rousseau, *Emile.*

DISSIMULATION

Savoir dissimuler est le savoir des rois.

Richelieu

DISTRACTION

Je n'ai pas été fâché de passer pour distrait : cela m'a fait hasarder bien des négligences qui m'auraient embarrassé.

Montesquieu

DIVERTISSEMENT

Sans divertissement, il n'y a point de joie ; avec le divertissement, il n'y a point de tristesse.

Pascal, *Pensées.*

DIVORCE

Le divorce est si naturel que, dans beaucoup de maisons, il couche toutes les nuits entre les deux époux.

Chamfort

DIVORCÉE

C'est toujours un grand malheur pour elle d'être contrainte d'aller chercher un second mari lorsqu'elle a perdu la plupart de ses agréments chez un autre.

Montesquieu

DOMESTIQUE

Aux vertus qu'on exige d'un domestique, Votre Excellence connaît-elle beaucoup de maîtres qui fussent dignes d'être valets ?

Beaumarchais, *Le Barbier de Séville.*

DON

Donner est un plaisir plus durable que recevoir ; car celui des deux qui donne est celui qui se souvient le plus longtemps.

Chamfort

DOT

Avant notre connaissance, votre dot valait mieux que vous ; à présent, vous valez mieux que votre dot.

Marivaux, *Le Jeu de l'amour et du hasard.*

DOUCEUR

Plus fait douceur que violence.

Jean de La Fontaine, *Phébus et Borée.*

DOULEUR

Il n'est pas de douleur que le sommeil ne sache vaincre.

Honoré de Balzac, *Le Cousin Pons.*

Sois sage, ô ma Douleur, et tiens-toi plus tranquille.

Charles Baudelaire, *Les Fleurs du mal.*

La douleur est un siècle et la mort, un moment.

Jean-Baptiste-Louis Gresset

Notre âme a plus de capacité pour le plaisir que pour la douleur.

Maine de Biran, *Journal.*

La description de la douleur est un contre-sens. Il faut voir tout en beau.

Lautréamont

Rien ne nous rend si grands qu'une grande douleur.

Alfred de Musset, *Poésies.*

La douleur qui se tait n'en est que plus funeste.

Jean Racine, *Andromaque.*

DOUTE

Doutons même du doute.

Anatole France

Le doute est un hommage rendu à l'espoir.

Lautréamont, *Les Chants de Maldoror.*

DRAPEAU

Tous les drapeaux ont été tellement souillés de sang et de m... qu'il est temps de n'en plus avoir du tout.

Gustave Flaubert, *Correspondance.*

DRAPEAU TRICOLORE

Le drapeau tricolore a fait le tour du monde avec le nom, la gloire et la liberté de la patrie.

Alphonse de Lamartine

Plein de sang dans le bas et de ciel dans le haut,
— Puisque le bas trempa dans une horreur féconde
Et que le haut baigna dans les espoirs du monde —.

Edmond Rostand, *L'Aiglon.*

DROIT

Où manque la force, le droit disparaît ; où apparaît la force, le droit commence de rayonner.

Maurice Barrès

C'est le devoir qui crée le droit et non le droit qui crée le devoir.

Chateaubriand, *Mémoires d'outre-tombe.*

DUEL

A la fin de l'envoi, je touche.

Edmond Rostand, *Cyrano de Bergerac.*

DUMAS (père et fils)

Le deux Dumas ont renversé la théorie de l'économie. C'est le père qui fut le prodigue, et le fils qui fut l'avare.

Jules Renard, *Journal.*

DUPE

Les gens les plus défiants sont souvent les plus dupes.

Paul de Gondi, cardinal de Retz, *Mémoires.*

DURÉE

Tout s'anéantit, tout périt, tout passe ; il n'y a que le monde qui reste. Il n'y a que le temps qui dure.

Diderot

E

EAU

Plus douce qu'aux enfants la chair des pommes sures,
L'eau verte pénétra ma coque de sapin
Et des taches de vins bleus et des vomissures
Me lava, dispersant gouvernail et grappin.

Arthur Rimbaud, *Le Bateau ivre.*

ÉCHAFAUD

Mais quand un scélérat marche à l'échafaud, la pitié compte alors les souffrances, et non les crimes du coupable.

Chateaubriand, *Essai sur les révolutions.*

Comme un dernier rayon, comme un dernier zéphyre
Animent la fin d'un beau jour,
Au pied de l'échafaud j'essaye encore ma lyre.
Peut-être est-ce bientôt mon tour.

André Chénier, *Poésies.*

ÉCHECS

On ne joue pas aux échecs avec un bon cœur.

Chamfort, *Maximes et Pensées.*

Les fous sont aux échecs les plus proches des rois.

Mathurin Régnier, *Satires.*

ÉCOUTE

Ecouter est une politesse qu'un homme d'esprit fait souvent à un sot mais que celui-ci ne lui rend jamais.

Adrien Decourcelle

ÉCRITURE

Avant donc que d'écrire, apprenez à penser.

Nicolas Boileau, *Art poétique.*

Travaillez pour la gloire, et qu'un sordide gain
Ne soit jamais l'objet d'un illustre écrivain.

Nicolas Boileau, *Art poétique.*

Ceux qui écrivent comme ils parlent, quoiqu'ils parlent très bien, écrivent mal.

Buffon, *Discours sur le style.*

Pour bien écrire, il faut sauter les idées intermédiaires, assez pour n'être pas ennuyeux, pas trop de peur de n'être pas entendu.

Montesquieu, *Mes pensées.*

Il ne faut pas mettre du vinaigre dans ses écrits, il faut y mettre du sel.

Montesquieu, *Mes pensées.*

Montrer la joie de l'action et le plaisir de l'existence; il y a certainement des gens heureux de vivre, dont les jouissances ne ratent pas et qui se gorgent de bonheur et de succès.

Emile Zola

ÉCRIVAIN

L'écrivain original n'est pas celui qui n'imite personne, mais celui que personne ne peut imiter.

Chateaubriand, *Génie du christianisme.*

Les yeux d'un écrivain, pour être clairs, doivent être secs.

Georges Darien

Le nombre des écrivains est déjà innombrable et ira toujours croissant, parce que c'est le seul métier, avec l'art de gouverner, qu'on ose faire sans l'avoir appris.

Alphonse Karr

Les grands écrivains, ces rois qui n'en ont pas le nom, mais qui règnent véritablement par la force du caractère et la grandeur des pensées, sont élus par les événements auxquels ils doivent commander.

Lamennais

Il y a des écrivains ravalés, dangereux loustics, farceurs au quarteron, sombres mystificateurs, véritables aliénés, qui mériteraient de peupler Bicêtre. Leurs têtes crétinisantes, d'où une tuile a été enlevée, créent des fantômes gigantesques, qui descendent au lieu de monter.

Lautréamont, *Poésies.*

ÉDUCATION

Après le pain, l'éducation est le premier besoin d'un peuple.

Danton

Combien l'éducation durera-t-elle ? Juste autant que la vie. Quelle est la première partie de la politique ? L'éducation. La seconde ? L'éducation. Et la troisième ? L'éducation.

Jules Michelet, *Le Peuple.*

Trop de bonté dans les parents
Cause la perte des enfants.

Charles Perrault

L'esprit de mon institution n'est pas d'enseigner à l'enfant beaucoup de choses, mais de ne jamais laisser entrer dans son cerveau que des idées justes et claires. Quand il ne saurait rien, peu m'importe, pourvu qu'il ne se trompe pas, et je ne mets des vérités dans sa tête que pour le garantir des erreurs qu'il apprendrait à leur place.

Jean-Jacques Rousseau, *Emile.*

EFFORTS

Il ne faut pas mépriser l'homme si l'on veut obtenir des autres et de soi de grands efforts.

Alexis de Tocqueville, *Correspondance.*

ÉGALITÉ

C'est toujours par là que commencent les partisans de l'égalité : ils établissent les catégories et se mettent dans la première.

Boucher de Perthes

Les Français vont instinctivement au pouvoir; ils n'aiment point la liberté; l'égalité seule est leur idole. Or l'égalité et le despotisme ont des liaisons secrètes.

Chateaubriand, *Mémoires d'outre-tombe.*

L'égalité entre les hommes est une règle qui ne compte que des exceptions.

Ernest Jaubert

Sitôt que les hommes sont en société, ils perdent le sentiment de leur faiblesse; l'égalité qui est entre eux cesse, et l'état de guerre commence.

Montesquieu, *De l'esprit des lois.*

Il est faux que l'égalité soit une loi de la nature. La nature n'a rien fait d'égal ; la loi souveraine est la subordination et la dépendance.

Vauvenargues, *Pensées et Maximes.*

ÉGLISE

L'église est vraiment bien charitable : elle donne des indulgences dont elle a bien besoin.

Xavier Forneret

ÉGOCENTRISME

Pour juger combien nous importunons en parlant de nous, il faut songer combien les autres nous importunent quand ils parlent d'eux.

Mme de Sévigné, *Lettres.*

ÉGOÏSME

Un égoïste est incapable d'aimer un ami. Mais il ne peut pas se passer d'amis : il ne s'aimerait jamais assez à lui tout seul.

Eugène Labiche

ÉGOTISME

Il est doux d'être aimé pour soi-même.

Beaumarchais, *Le Barbier de Séville.*

ÉLECTION

L'élection encourage le charlatanisme.

Ernest Renan, *La Réforme intellectuelle et morale de la France.*

ÉLITISME

La seule chose raisonnable, c'est un gouvernement de mandarins, pourvu que les mandarins sachent quelque chose et même qu'ils sachent beaucoup de choses.

Gustave Flaubert, *Correspondance.*

ÉLOGE

On place ses éloges comme on place de l'argent, pour qu'ils nous soient rendus avec les intérêts.

Jules Renard, *Journal.*

Les justes éloges ont un parfum que l'on réserve pour embaumer les morts.

Voltaire

ÉLOQUENCE

La vraie éloquence se moque de l'éloquence, la vraie morale se moque de la morale.

Pascal, *Pensées.*

ÉLUS

Nous sommes ici par la volonté du peuple et nous n'en sortirons que par la force des baïonnettes.

Mirabeau

ÉMOTION

Celui qui ne s'émeut a l'âme d'un barbare
Ou n'en a point du tout.

François de Malherbe

EMPIRE (PREMIER)

Ce siècle avait deux ans, Rome remplaçait Sparte.

Victor Hugo, *Les Feuilles d'automne.*

Et l'aigle de la grande armée
Dans le ciel qu'emplit son essor,
Du fond d'une gloire enflammée,
Etend sur eux ses ailes d'or !

Théophile Gautier, *Emaux et Camées.*

EMPIRES NAPOLÉONIENS

Cambronne à Waterloo a enterré le premier empire dans un mot où est né le second.

Victor Hugo

EMPRUNT

Voulez-vous compter vos amis ? Empruntez-leur de l'argent.

Alexandre Dumas fils

ÉMULATION

Deux coqs vivaient en paix, une poule survint...

Jean de La Fontaine, *Les Deux Coqs.*

ENFANT

Enfant, vous êtes l'aube, et mon âme est la plaine
Qui des plus douces fleurs embaume son haleine
Quand vous la respirez.

Victor Hugo, *Les Feuilles d'automne.*

Lorsque les manufacturiers anglais vinrent dire à M. Pitt que les salaires élevés de l'ouvrier les mettaient hors d'état de payer l'impôt, il dit un mot terrible « Prenez les enfants ».

Jules Michelet, *Le Peuple.*

On ne s'afflige point d'avoir beaucoup d'enfants
Quand ils sont tous beaux, bien faits et bien grands,
Et d'un extérieur qui brille;
Mais si l'un d'eux est faible ou ne dit mot,
On le méprise, on le raille, on le pille;
Quelquefois cependant c'est ce petit marmot
Qui fera le bonheur de toute la famille.

Charles Perrault, *Le Petit Poucet.*

Les enfants flattent quelquefois les vieillards, mais ils ne les aiment pas.

Jean-Jacques Rousseau, *Emile.*

ENFER

Satan fut son conseil, l'enfer son espérance.

Agrippa d'Aubigné, *Les Tragiques.*

Criez après l'enfer : de l'enfer il ne sort
Que l'éternelle soif de l'impossible mort.

Agrippa d'Aubigné

Toutes ces vertus dont l'enfer est rempli.

Bossuet

Enfer chrétien, du feu. Enfer païen, du feu. Enfer mahométan, du feu. Enfer hindou, des flammes. A en croire les religions, Dieu est né rôtisseur.

Victor Hugo

Une autorité pourrait bien avoir un jour à sa disposition l'enfer, non un enfer chimérique, de l'existence duquel on n'a pas de preuves, mais un enfer réel.

Ernest Renan, *Dialogues et fragments philosophiques.*

ENNEMI

Nos vrais ennemis sont en nous-mêmes.

Bossuet, *Oraison funèbre de la reine de France.*

Plus de morts, moins d'ennemis.

Charles IX, *lors de la Saint-Barthélemy.*

Entre tous les ennemis, le plus dangereux est celui dont on est l'ami.

Alphonse Karr

Entre nos ennemis
Les plus à craindre sont souvent les plus petits.

Jean de La Fontaine, *Le Lion et le Moucheron.*

L'une des plus grandes sagesses en l'art militaire, c'est de ne pas pousser son ennemi au désespoir.

Montaigne, *Essais.*

Si vous voulez vous faire des ennemis, surpassez vos amis ; mais si vous voulez vous faire des alliés, laissez vos amis vous surpasser.

La Rochefoucauld, *Maximes.*

ENNUI

Rien n'égale en longueur les boiteuses journées,
Quand sous les lourds flocons des neigeuses années
L'ennui, fruit de la morne incuriosité,
Prend les proportions de l'immortalité.

Charles Baudelaire, *Les Fleurs du mal.*

Tout me lasse ; je remorque avec peine mon ennui avec mes jours, et je vais partout bâillant ma vie.

Chateaubriand, *Mémoires d'outre-tombe.*

L'ennui est entré dans le monde par la paresse.

Jean de La Bruyère, *Les Caractères.*

L'ennui naquit un jour de l'uniformité.

Antoine de La Motte-Houdar, *Fables.*

Nous pardonnons souvent à ceux qui nous ennuient, mais nous ne pouvons pardonner à ceux que nous ennuyons.

La Rochefoucauld, *Maximes.*

La chair est triste, hélas, et j'ai lu tous les livres.

Stéphane Mallarmé, *Poésies.*

La peur de l'ennui est la seule excuse du travail.

Jules Renard, *Journal.*

ENSEIGNEMENT

Enseigner, c'est apprendre deux fois.

Joseph Joubert, *Pensées.*

L'enseignement, c'est une amitié.

Jules Michelet

Un homme qui enseigne peut devenir aisément opniâtre, parce qu'il fait le métier d'un homme qui n'a jamais tort.

Montesquieu

Il ne faut pas beaucoup d'esprit pour enseigner ce que l'on sait, il en faut infiniment pour enseigner ce qu'on ignore.

Montesquieu

ENTRAIDE

Il se faut entr'aider, c'est la loi de nature.

Jean de La Fontaine, *L'Ane et le Chien.*

Il faut, autant qu'on peut, obliger tout le monde :
On a souvent besoin d'un plus petit que soi.

Jean de La Fontaine, *Le Lion et le Rat.*

ENTREPRISE (ESPRIT D')

L'activité fait plus de fortunes que la prudence.

Vauvenargues

ENVIE

La vertu dans le monde est toujours poursuivie.
Les envieux mourront, mais non jamais l'envie.

Molière, *Le Tartuffe.*

ÉPAULES

De blanches épaules rebondies sur lesquelles j'aurais voulu pouvoir me rouler, des épaules légèrement rosées qui semblaient rougir comme si elles se trouvaient nues pour la première fois, de pudiques épaules qui avaient une âme, et dont la peau satinée éclatait à la lumière comme un tissu de soie.

Honoré de Balzac, *Le Lys dans la vallée.*

ÉPÉE

Ah ! Durendal, comme tu es belle et sainte ! Dans ton pommeau doré, il y a beaucoup de reliques : une dent de Saint Pierre, du sang de Saint Basile, et des cheveux de Monseigneur Saint Denis, et du vêtement de Sainte Marie. (...) Par vous, j'aurai conquis tant de vastes terres...

La chanson de Roland

Brandis-la ! L'acier souple en bouquets d'étincelles
Pétille. Elle est solide, et sa lame est de celles
Qui font courir au cœur un orgueilleux frisson.

José Maria de Heredia, *Les Trophées.*

Un jour enfin il mit sur son lit son épée,
Et se coucha près d'elle, et dit : C'est aujourd'hui !

Victor Hugo, *Les Châtiments. (Mort de Napoléon Ier)*

ÉPICURISME

Le sot glisse sur les plaisirs,
Mais le sage y demeure ferme
En attendant que ses désirs
Ou ses jours finissent leur terme.

Théophile de Viau

ÉPIDERME

L'amour, tel qu'il existe dans la société, n'est que l'échange de deux fantaisies et le contact de deux épidermes.

Chamfort, *Maximes et Pensées.*

ÉPIGRAMME

Elle est Dudevant, par devant
Et George Sand, par derrière.

L'autre jour, au fond d'un vallon,
Un serpent piqua Jean Fréron.
Que pensez-vous qu'il arriva ?
Ce fut le serpent qui creva.

Voltaire

ÉPITAPHE

Ci-gît ma femme : oh ! qu'elle est bien
Pour son repos, et pour le mien.

Henri-Joseph Du Laurens, *Satires.*

Cy-gît qui se plut tant à prendre
Et qui l'avait si bien appris,
Qu'elle aima mieux mourir que rendre
Un lavement qu'elle avait pris.

Scarron

ÉPÎTRE

Ses épîtres lui font des ennemis nouveaux !
Il attaque les faux nobles, les faux dévots,
Les faux braves, les plagiaires, — tout le monde.

Edmond Rostand, *Cyrano de Bergerac.*

ÉPOPÉE

L'épopée disparaît avec l'âge de l'héroïsme individuel ; il n'y a pas d'épopée avec l'artillerie.

Ernest Renan, *Dialogues et fragments philosophiques.*

ÉPOUSE

On peut toujours vivre avec sa femme quand on a autre chose à faire.

Alexandre Dumas fils, *L'Ami des femmes.*

Il ne faut choisir pour épouse que la femme qu'on choisirait pour ami, si elle était homme.

Joseph Joubert, *Pensées.*

ÉPOUX

Attendre quelque temps pour avoir un Epoux,
Riche, bien fait, galant et doux,
La chose est assez naturelle,
Mais l'attendre cent ans et toujours en dormant,
On ne trouve plus de femelle,
Qui dormît si tranquillement.

Charles Perrault, *La Belle au bois dormant.*

ERRANCE

Par les soirs bleus d'été, j'irai dans les sentiers,
Picoté par les blés, fouler l'herbe menue :
Rêveur, j'en sentirai la fraîcheur à mes pieds.
Je laisserai le vent baigner ma tête nue.

Arthur Rimbaud

ERREUR

Pour avoir le droit d'admirer les erreurs d'un grand homme, il faut savoir les reconnaître, quand le temps les a mises au grand jour.

D'Alembert

Et ceux qui ne font rien ne se trompent jamais.

Théodore de Banville, *Odes funambulesques.*

Il ne suffit pas de dire : je me suis trompé; il faut dire comment on s'est trompé.

Claude Bernard

Pour grands que soient les rois, ils sont ce que nous sommes :
Ils peuvent se tromper comme les autres hommes.

Pierre Corneille, *Le Cid.*

Quand on a le droit de se tromper impunément, on est toujours sûr de réussir.

Ernest Renan

Aime la vérité, mais pardonne à l'erreur.

Voltaire

ESCALIER

Le plus beau moment de l'amour, c'est quand on monte l'escalier.

Georges Clemenceau

ESCLAVAGE

Dieu fit la liberté, l'homme a fait l'esclavage.

Marie-Joseph Chénier

Les peuples d'Europe ayant exterminé ceux de l'Amérique, ils ont dû mettre en esclavage ceux de l'Afrique, pour s'en servir à défricher tant de terres.

Montesquieu, *De l'esprit des lois.*

ESPACE

Le spectre monstrueux d'un univers détruit,
Jeté comme une épave à l'Océan du vide.

Leconte de Lisle, *Poèmes barbares.*

Les sillons de l'espace où fermentent des mondes.

Leconte de Lisle

ESPÉRANCE

Crains, malheureux, et défie-toi de ton espérance même.

Bourdaloue, *Sermon sur la pénitence.*

Tout le malheur des hommes vient de l'espérance.

Albert Camus

L'espérance est une disposition de l'âme à se persuader que ce qu'elle désire adviendra, laquelle est causée par un mouvement particulier des esprits, à savoir par celui de la joie et du désir mêlés ensemble.

Descartes

L'espérance est un emprunt fait au bonheur.

Joseph Joubert, *Pensées.*

Passe encor de bâtir, mais planter à cet âge!

Jean de La Fontaine, *Le Vieillard et les trois jeunes Hommes.*

Petit poisson deviendra grand
Pourvu que Dieu lui prête vie.

Jean de La Fontaine, *Le petit Poisson et le Pêcheur.*

L'espérance a fui comme un songe,
Et mon amour seul m'est resté!

Gérard de Nerval

On jouit moins de ce qu'on obtient que de ce qu'on espère.

Jean-Jacques Rousseau

Vous savez comment est ma vie :
L'espérance du lendemain,
Ce sont mes fêtes.

Rutebeuf

ESPOIR

Et l'espoir, malgré moi, s'est glissé dans mon cœur.

Jean Racine, *Phèdre.*

Qu'il était bleu, le ciel, et grand, l'espoir!
L'espoir a fui, vaincu, vers le ciel noir.

Paul Verlaine

L'espoir luit comme un brin de paille dans l'étable...
L'espoir luit comme un caillou dans un creux.

Paul Verlaine, *Sagesse.*

ESPRIT

L'esprit de l'homme accroît ses forces à proportion des forces que lui oppose la nature.

Bernardin de Saint-Pierre

L'esprit est ce qu'il y a de plus bête au monde.

Maxime Du Camp

L'esprit dans les grandes affaires n'est rien sans le cœur.

Paul de Gondi, cardinal de Retz, *Mémoires.*

Ayez, si vous pouvez, un langage simple, et tel que l'ont ceux en qui vous ne trouvez aucun esprit : peut-être alors croira-t-on que vous en avez.

Jean de La Bruyère, *Les Caractères.*

Quand on court après l'esprit, on attrape la sottise.

Montesquieu, *Mes pensées.*

Il n'y a que deux puissances dans le monde : le sabre et l'esprit. J'entends par l'esprit les institutions civiles et religieuses. A la longue, le sabre est toujours battu par l'esprit.

Napoléon Ier, *Le Mémorial de Sainte-Hélène.*

Il n'est rien de si absent que la présence d'esprit.

Rivarol

Les beaux esprits se rencontrent.

Voltaire

L'esprit est tout le contraire de l'argent ; moins on en a, plus on est satisfait.

Voltaire

ESSAI

Mes pareils à deux fois ne se font point connaître
Et pour leurs coups d'essai veulent des coups de maître.

Pierre Corneille, *Le Cid.*

ESTIME

L'amour ne va pas sans estime.

Alexandre Dumas fils

Les hommes sont souvent estimés par les endroits où ils sont le plus blâmables.

Paul de Gondi, cardinal de Retz, *Mémoires.*

Vous dites que la gloire est l'estime de l'homme,
Et que la paix de l'âme est l'estime de Dieu.

Sully Prud'homme, *Poésies.*

ÉTANG

L'étang reflète,
Profond miroir,
La silhouette
Du saule noir
Où le vent pleure...

Paul Verlaine, *Les Fêtes galantes.*

ÉTAT

L'Etat, c'est moi !

Louis XIV (1655)

La raison d'Etat est une raison mystérieuse inventée par la politique pour autoriser ce qui se fait sans raison.

Charles de Saint-Evremond, *Maximes.*

ÉTÉ

L'été rit, et l'on voit sur le bord de la mer
Fleurir le chardon bleu des sables.

Victor Hugo, *Les Contemplations.*

A quatre heures du matin, l'été,
Le sommeil d'amour dure encore.
Sous les bocages s'évapore
L'odeur du soir fêté.

Arthur Rimbaud, *Une saison en enfer.*

ÉTREINTE

Elle vient, et se livre à mes bras, toute fraîche
D'avoir senti passer l'air solennel du soir
Sur son corps opulent, sous les plis du peignoir.
A bas peignoir! le lit embaume. O fleur de pêche
Des épaules, des seins frissonnants et peureux!...
Dans le parc les oiseaux se font l'amour entre eux.

Charles Cros, *Le Coffret de santal.*

L'amour m'ouvrit ses paradis
Et l'étreinte de ses panthères.

Charles Cros, *Le Coffret de santal.*

ÉTUDE

Les mots morts, les nombres austères
Laissaient mes espoirs engourdis.

Charles Cros, *Le Coffret de santal.*

Le gain de notre étude, c'est en être devenu meilleur et plus sage.

Montaigne, *Essais.*

J'ai l'esprit tout ennuyé
D'avoir trop étudié (...)
Bons Dieux ! qui voudrait louer
Ceux qui, collés sur un livre,
N'ont jamais souci de vivre !
Que nous sert l'étudier
Sinon de ne plus nous ennuyer ?

Pierre de Ronsard

EUROPE

L'Allemagne est faite pour y voyager, l'Italie pour y séjourner, l'Angleterre pour y penser, la France pour y vivre.

D'Alembert

ÈVE

Toute Eve a l'air d'un soleil
Qui brûle, et sur chaque jambe
Un bas céleste et vermeil
Flambe.

Théodore de Banville, *Sonnailles et Clochettes.*

ÉVÉNEMENTS

Les événements ont ceci de commun avec les oies qu'ils vont en troupe.

Léon Bloy

Les événements sont plus grands que ne le savent les hommes.

François Guizot, *Essais sur l'histoire de France.*

Il n'y a pour l'homme que trois événements : naître, vivre et mourir. Il ne se sent pas naître, il souffre à mourir, et il oublie de vivre.

Jean de La Bruyère, *Les Caractères.*

EXACTITUDE

L'exactitude est la politesse des rois.

Louis XVIII

EXCÈS

C'est faire le plus grand des excès que de n'en faire aucun.

Joseph Léonard, *Pensées.*

EXISTENCE

Mon existence est une campagne triste où il pleut toujours.

Léon Bloy

Je pense, donc je suis.

Descartes

EXPÉRIENCE

Ce fruit tardif, le seul qui mûrisse sans devenir doux.

Barbey d'Aurevilly

De toutes les choses auxquelles on ne croit pas, l'expérience est celle à laquelle on croit le moins.

Lamennais

EXPLICATION

A force de vous expliquer quelque chose, on n'y comprend plus rien.

Jules Renard

EXPRESSION

Le mot ne manque jamais quand on possède l'idée.

Flaubert

EXTASE

Extase des regards, scintillement des nimbes !

Stéphane Mallarmé

Au calme clair de lune triste et beau
Qui fait rêver les oiseaux dans les arbres
Et sangloter d'extase les jets d'eau
Les grands jets d'eau sveltes parmi les marbres.

Verlaine, *Clair de lune.*

EXTRAIT

Bornons ici cette carrière.
Les longs ouvrages me font peur.
Loin d'épuiser une matière,
On n'en doit prendre que la fleur.

Jean de La Fontaine

F

FACILITÉ

La facilité est le plus beau don de la nature, à la condition qu'on n'en use jamais.

Chamfort, *Maximes et Pensées.*

FADEUR

Les femmes sans charme sont comme les poètes qu'on ne lit pas.

Astolphe de Custine

FAIBLE

La haine des faibles n'est pas si dangereuse que leur amitié.

Vauvenargues, *Réflexions et Maximes.*

FAIBLESSE

Ma faiblesse m'est chère. Je tiens à mon imperfection comme à ma raison d'être.

Anatole France

La faiblesse est le seul défaut que l'on ne saurait corriger.

La Rochefoucauld, *Maximes.*

Toute méchanceté vient de faiblesse.

Jean-Jacques Rousseau, *Emile.*

FAIM

Ventre affamé n'a point d'oreilles, mais il a un sacré nez !

Alphonse Allais

Pluie ou bourrasque, il faut qu'il sorte, il faut qu'il aille
Car les petits enfants ont faim.

Victor Hugo, *La Légende des siècles.*

Ventre affamé n'a point d'oreilles.

Jean de La Fontaine, *Le Milan et le Rossignol.*

Quand nous aurons faim, pour toute cuisine
Nous grignoterons des fruits de la Chine,
Et nous ne boirons que dans du vermeil.

Germain Nouveau

Crois-tu qu'on puisse être bien tendre lorsqu'on manque de pain ?

Abbé Prévost, *Manon Lescaut.*

Nécessité fait gens méprendre
Et faim saillir le loup du bois.

François Villon, *Le Testament.*

FAMILLE

Comme on connaît les siens on les abhorre.

Balzac, *Proverbes.*

Le sort fait les parents, le choix fait les amis.

Delille

Les nations n'ont de grands hommes que malgré elles — comme les familles.

Charles Baudelaire, *Fusées.*

FANATISME

On ne fait rien de grand sans le fanatisme.

Gustave Flaubert

FATUITÉ

L'ignorance est toujours prête à s'admirer.

Boileau, *Art poétique.*

FAUTE

Il faut rougir de faire une faute, et non de la réparer.

Jean-Jacques Rousseau, *Emile.*

FAVEURS

Une femme oublie d'un homme qu'elle n'aime plus jusques aux faveurs qu'il a reçues d'elle.

Jean de La Bruyère, *Les Caractères.*

FÉE

Et j'ai cru voir la fée au chapeau de clarté
Qui jadis sur mes beaux sommeils d'enfant gâté
Passait, laissant toujours de ses mains mal fermées
Neiger de blancs bouquets d'étoiles parfumées.

Stéphane Mallarmé, *Poésies.*

FÉLICITÉ

Heureux les simples cœurs, ils seront rois au ciel;
Heureux les offensés qui s'éloignent sans fiel,
Car ils seront jugés par leur miséricorde;
Heureux les fils de Dieu, les hommes de concorde;
Heureux les désolés, ils vont lever le front;
Heureux les altérés de justice, ils boiront;
Heureux les purs, leurs yeux vont goûter la lumière;
Heureux les doux, les doux posséderont la terre.

Sully Prud'homme, *Poésies.*

FÉMINISME

La révolution féminine doit maintenant compléter la révolution prolétaire, comme celle-ci consolida la révolution bourgeoise, émanée d'abord de la révolution philosophique.

Auguste Comte, *Catéchisme positiviste.*

FEMME

La destinée de la femme et sa seule gloire sont de faire battre le cœur des hommes.

Honoré de Balzac

Un homme, quelque malicieux qu'il puisse être, ne dira jamais des femmes autant de bien ni autant de mal qu'elles en pensent elles-même.

Honoré de Balzac, *Physiologie du mariage.*

Etre belle et aimée, ce n'est être que femme. Etre laide et savoir se faire aimer, c'est être princesse.

Barbey d'Aurevilly

Les reines ont été vues pleurant comme de simples femmes.

Chateaubriand

La femme est, selon la Bible, la dernière chose que Dieu a faite. Il a dû la faire le samedi soir. On sent la fatigue.

Alexandre Dumas fils

Une belle femme est le paradis des yeux, l'enfer de l'âme et le purgatoire de la bourse.

Fontenelle

La plus noble conquête du cheval, c'est la femme.

Alfred Jarry

O femme, mammifère à chignon, ô fétiche,
On t'absout ; c'est un Dieu qui par tes yeux nous triche.

Jules Laforgue, *Les Complaintes.*

Il n'y a que deux belles choses au monde, les femmes et les roses, et que deux bons morceaux, les femmes et les melons.

Malherbe

Il n'y a point de vieille femme. Toute, à tout âge, si elle aime et si elle est bonne, donne à l'homme le moment de l'infini.

Jules Michelet, *L'Amour.*

La femme, dans les ménages pauvres, c'est l'économie, l'ordre, la providence.

Jules Michelet, *Le Peuple.*

O femme ! étrange objet de joie et de supplice !
Mystérieux autel où, dans le sacrifice,
On entend tour à tour blasphémer et prier !

Alfred de Musset

Elle flotte, elle hésite ; en un mot, elle est femme.

Jean Racine, *Athalie.*

O la femme à l'amour câlin et réchauffant,
Douce, pensive et brune, et jamais étonnée,
Et qui parfois vous baise au front, comme un enfant.

Paul Verlaine, *Poèmes saturniens.*

Beauté des femmes, leur faiblesse, et ces mains pâles
Qui font souvent le bien et peuvent tout le mal,
Et ces yeux, où plus rien ne reste d'animal
Que juste assez pour dire « assez » aux fureurs mâles !

Paul Verlaine, *Sagesse.*

Les femmes ressemblent aux girouettes : elles se fixent quand elles se rouillent.

Voltaire

FEUILLE

Et moi, je suis semblable à la feuille flétrie :
Emportez-moi comme elle, orageux aquilons !

Alphonse de Lamartine, *Les Méditations.*

Comme elles tombent bien !
Dans ce trajet si court de la branche à la terre,
Comme elles savent mettre une beauté dernière,
Et malgré leur terreur de pourrir sur le sol,
Veulent que cette chute ait la grâce d'un vol !

Edmond Rostand, *Cyrano de Bergerac.*

FIANCÉ

O fiancé probe,
Commandons ma robe !

Hélas ! le bonheur est là, mais lui se dérobe...

Jules Laforgue, *Les Complaintes.*

FIANCÉE

Printemps après printemps, de belles fiancées
Suivirent de chers ravisseurs,
Et, par la mère en pleurs sur le seuil embrassées,
Partirent en baisant leurs sœurs.

Alphonse de Lamartine, *Les Méditations.*

Elle appartient à la légion des jeunes filles honnêtes « dont on est heureux de faire sa femme » jusqu'au jour où on découvre qu'on préfère justement toutes les autres femmes à celle qu'on a choisie.

Guy de Maupassant

Un matin c'est une épousée :
Elle marche à l'autel, l'œil baissé mais vainqueur;
Aux lèvres va fleurir la joie ensemencée
Au cœur.

Sully Prud'homme, *Poésies.*

FIDÉLITÉ

Eugénie, à mon retour / Sois fidèle à mes amours.

Folklore XIXe siècle, *Eugénie les larmes aux yeux.*

Un mari ne risque jamais de faire croire à la fidélité de sa femme et de garder un air patient ou le silence... Paraître instruit de la passion de sa femme est d'un sot ; mais feindre d'ignorer tout est d'un homme d'esprit, et il n'y a que ce parti à prendre. Aussi dit-on qu'en France tout le monde est spirituel.

Voltaire

FIERTÉ

Ses malheurs n'avaient point abattu sa fierté.

Jean Racine, *Athalie.*

FIÈVRE

La cause la plus ordinaire de la fièvre lente est la tristesse.

Descartes, *Correspondance.*

La fièvre, à ce qu'on dit, nous délivre des puces, et l'infortune de nos amis.

Paul-Jean Toulet

FILEUSE

Quand vous serez bien vieille, au soir, à la chandelle,
Assise auprès du feu, dévidant et filant,
Direz, chantant mes vers, en vous émerveillant :
« Ronsard me célébrait du temps que j'étais belle. »

Pierre de Ronsard, *Sonnets pour Hélène.*

FIN

En toute chose, il faut considérer la fin.

Jean de La Fontaine, *Le Renard et le Bouc.*

FINANCIER

Les financiers ne font bien leurs affaires que lorsque l'Etat les fait mal.

Talleyrand

FINESSE

On peut être plus fin qu'un autre, mais non pas plus fin que tous les autres.

La Rochefoucauld, *Maximes.*

FIRMAMENT

Ce qui est admirable, ce n'est pas que le champ des étoiles soit si vaste, c'est que l'homme l'ait mesuré.

Anatole France

Quel dieu, quel moissonneur de l'éternel été
Avait, en s'en allant, négligemment jeté
Cette faucille d'or dans le champ des étoiles.

Victor Hugo, *La Légende des siècles.*

Je soulevai avec lenteur mes yeux spleenétiques, cernés d'un grand cercle bleuâtre, vers la concavité du firmament, et j'osai pénétrer, moi, si jeune, les mystères du ciel !

Lautréamont, *Les Chants de Maldoror.*

FISC

La terre est à peine remise en état, et le fisc fond dessus.

Jules Michelet, *Le Peuple.*

FLATTERIE

Il n'y a rien de si dangereux que la flatterie dans les conjonctures où celui que l'on flatte peut avoir peur.

Paul de Gondi, cardinal de Retz, *Mémoires.*

Apprenez que tout flatteur
Vit aux dépens de celui qui l'écoute.

Jean de La Fontaine, *Le Corbeau et le Renard.*

Quiconque flatte ses maîtres, les trahit.

Jean-Baptiste Massillon

Gare à la flatterie, ma fille : trop de sucre gâte les dents.

Mme de Sévigné, *Lettres.*

FLÉAU

Ils ne mouraient pas tous, mais tous étaient frappés.

Jean de La Fontaine, *Les Animaux malades de la peste.*

FLEURS

Mainte fleur épanche à regret
Son parfum doux comme un secret
Dans les solitudes profondes.

Charles Baudelaire, *Les Fleurs du mal.*

Voici des fruits, des fleurs, des feuilles et des branches
Et puis voici mon cœur, qui ne bat que pour vous.
Ne le déchirez pas avec vos deux mains blanches.

Paul Verlaine, *Poèmes saturniens.*

FLEUVE

Ici, gronde le fleuve aux vagues écumantes;
Il serpente, et s'enfonce en un lointain obscur;
Là, le lac immobile étend ses eaux dormantes
Où l'étoile du soir se lève dans l'azur.

Alphonse de Lamartine, *Les Méditations.*

Comme je descendais des Fleuves impassibles,
Je ne me sentis plus guidé par les haleurs. (...)
Les fleuves m'ont laissé descendre où je voulais.

Arthur Rimbaud, *Le Bateau ivre.*

FLOT

O flots, que vous savez de lugubres histoires !
Flots profonds redoutés des mères à genoux !
Vous vous les racontez en montant les marées,
Et c'est ce qui vous fait ces voix désespérées
Que vous avez le soir quand vous venez chez nous.

Victor Hugo, *Les Rayons et les Ombres.*

FOI

Le pire de tous les états de l'âme est l'indifférence ; il faut croire ; l'incroyance est la ruine non seulement des individus, mais des sociétés.

Lamennais

FOI (MAUVAISE)

C'est une méchante manière de raisonner que de rejeter ce qu'on ne peut comprendre.

Chateaubriand, *Génie du christianisme.*

FOLIE

Les hommes sont si nécessairement fous que ce serait être fou par un autre tour de folie de n'être pas fou.

Pascal, *Pensées.*

Qui vit sans folie n'est pas si sage qu'il croit.

La Rochefoucauld, *Maximes.*

Le monde appelle fous ceux qui ne sont pas fous de la folie commune.

Mme Roland

FONCTIONNAIRE

Les fonctionnaires sont un peu comme les livres d'une bibliothèque : ce sont les plus haut placés qui servent le moins.

Georges Clemenceau

Le docile, le bon sujet, sera fonctionnaire.

Jules Michelet, *Le Peuple.*

FORCE

Où manque la force, le droit disparaît ; où apparaît la force, le droit commence de rayonner.

Maurice Barrès

Ce qui fait croire à la force l'augmente.

Paul de Gondi, cardinal de Retz, *Mémoires.*

La raison du plus fort est toujours la meilleure.

Jean de La Fontaine, *Le Loup et l'Agneau.*

Il se sentait fort à culbuter une montagne, à broyer des pierres dans ses mains.

Guy de Maupassant, *Le Loup.*

Le plus fort n'est jamais assez fort pour être toujours le maître, s'il ne transforme sa force en droit et l'obéissance en devoir.

Jean-Jacques Rousseau, *Du Contrat social.*

J'aime la force, et la force que j'aime, une fourmi peut en montrer autant qu'un éléphant.

Stendhal

Le sentiment de nos forces les augmente.

Vauvenargues, *Réflexions et Maximes.*

FORÊT

Les forêts ont été les premiers temples de la Divinité, et les hommes ont pris dans les forêts la première idée de l'architecture. Cet art a dû varier selon les climats.

Chateaubriand, *Le Génie du christianisme.*

FORÊT VIERGE

Qui dira le sentiment qu'on éprouve en entrant dans ces forêts aussi vieilles que le monde, et qui seules donnent une idée de la création, telle qu'elle sortit des mains de Dieu ?

Chateaubriand, *Voyage en Amérique.*

FORTUNE

Toute femme a sa fortune entre ses jambes.

Honoré de Balzac

Les biens de la terre ne font que creuser l'âme et en augmenter le vide.

Chateaubriand, *Le Génie du christianisme.*

Je n'ai pas aimé à faire ma fortune par le moyen de la Cour; j'ai songé à le faire en faisant valoir mes terres et à tenir toute ma fortune immédiatement de la main des dieux.

Montesquieu

Le bien de la fortune est un bien périssable,
Quand on bâtit sur elle on bâtit sur le sable;
Plus on est élevé, plus on court de dangers.
Les grands pins sont en butte aux coups de la tempête.

Racan, *Stances.*

Il y a des gens qui n'ont de leur fortune que la crainte de la perdre.

Rivarol

Il est faux qu'on ait fait fortune lorsqu'on ne sait pas en jouir.

Vauvenargues, *Réflexions et Maximes.*

L'activité fait plus de fortunes que la prudence.

Vauvenargues, *Réflexions et Maximes.*

FOURBERIE

Nous plumons une coquette; la coquette mange un homme d'affaires; l'homme d'affaires en pille d'autres : cela fait un ricochet de fourberies le plus plaisant du monde.

Lesage, *Turcaret.*

FRANCE

Ma sœur, qu'ils étaient beaux les jours
De France!
O mon pays, sois mes amours
Toujours.

Chateaubriand, *Poésies.*

France, mère des arts, des armes et des lois,
Tu m'as nourri longtemps du lait de ta mamelle :
Ores, comme un agneau qui sa nourrice appelle,
Je remplis de ton nom les antres et les bois.

Joachim du Bellay, *Les Regrets.*

Ma patrie est partout où rayonne la France
Où son génie éclate aux regards éblouis !
Chacun est un climat de son intelligence.
Je suis concitoyen de toute âme qui pense :
La vérité, c'est mon pays.

Alphonse de Lamartine, *La Marseillaise de la Paix.*

L'Angleterre est un empire, l'Allemagne une race et la France, une personne.

Jules Michelet, *Histoire de France.*

La France compte trente-six millions de sujets sans compter les sujets de mécontentement.

Henri de Rochefort

FRANÇAIS

Les Français vont instinctivement au pouvoir; ils n'aiment point la liberté; l'égalité seule est leur idole.

Chateaubriand, *Mémoires d'outre-tombe.*

Fils aînés de l'antiquité, les Français, Romains par le génie, sont Grecs par le caractère. Inquiets et volages dans le bonheur, constants et invincibles dans l'adversité; formés pour les arts, civilisés jusqu'à l'excès durant le calme de l'Etat; grossiers et sauvages dans les troubles politiques, flottants comme des vaisseaux sans lest au gré des passions (...); vains, railleurs, ambitieux, à la fois routiniers, et novateurs, méprisant tout ce qui n'est pas eux; individuellement les plus aimables des hommes, en corps les plus désagréables de tous ; charmants dans leur propre pays, insupportables chez l'étranger...

Chateaubriand, *Le Génie du christianisme.*

Les Français sont des jeunes gens toute leur vie.

Joseph Joubert

FRATERNITÉ

Que tous les hommes soient Frères, c'est le rêve des gens qui n'ont pas de frère.

Charles Chincholle

FRISSON

L'air est plein du frisson des choses qui s'enfuient.

Charles Baudelaire, *Les Fleurs du mal.*

FROMAGE

Un repas sans fromage est une belle à qui il manque un œil.

Brillat-Savarin, *Physiologie du goût.*

FRUITS

Tout âge porte ses fruits, il faut savoir les cueillir.

Raymond Radiguet

FUGACITÉ

L'homme d'un jour n'aime qu'un jour.

Théophile Gautier, *Poésies.*

FUITE

Fuir ! là-bas fuir ! Je sens que des oiseaux sont ivres
D'être parmi l'écume inconnue et les cieux !

Stéphane Mallarmé, *Poésies.*

FUITE (DU TEMPS)

Marbre, perle, rose, colombe,
Tout se dissout, tout se détruit ;
La perle fond, le marbre tombe
La fleur se fane et l'oiseau fuit.

Théophile Gautier, *Emaux et Camées.*

FUMÉE

Tout s'en va comme la fumée,
L'espérance et la renommée.

Alfred de Musset

FUNÉRAILLES

Oh ! quel farouche bruit font dans le crépuscule
Les chênes qu'on abat pour le bûcher d'Hercule !
Les chevaux de la Mort se mettent à hennir
Et sont joyeux car l'âge éclatant va finir...

Victor Hugo

G

GAIN

Le vrai moyen de gagner beaucoup est de ne vouloir jamais trop gagner et de savoir perdre à propos.

Fénelon, *Les Aventures de Télémaque.*

GALÈRE

Que diable allait-il faire dans cette galère ?

Molière, *Les Fourberies de Scapin.*

GALANTERIE

Si vous refusez, madame, ne le dites pas ; si vous cédez, je me tairai.

Jean Dolent

On peut trouver des femmes qui n'ont jamais eu de galanterie, mais il est rare d'en trouver qui n'en aient jamais eu qu'une.

La Rochefoucauld, *Maximes.*

GANT

M. de Karkoël n'ôta pas ses gants, qui rappelaient par leur perfection ces célèbres gants de Bryan Brummell, coupés par trois ouvriers spéciaux, deux pour la main et un pour le pouce.

Barbey d'Aurevilly, *Les Diaboliques.*

GAUCHE

Ce à quoi tiennent particulièrement les gens de gauche, ce n'est pas d'avoir raison, mais à être libres d'avoir tort.

Henri de Villemessant

GÉNÉROSITÉ

Il était généreux, quoiqu'il fût économe.

Victor Hugo, *La Légende des siècles.*

Méfiez-vous du premier mouvement, il est toujours généreux.

Talleyrand

GÉNIE

Faire aisément ce qui est difficile aux autres, voilà le talent ; faire ce qui est impossible au talent, voilà le génie.

Henri Frédéric Amiel

Le génie est une longue patience.

Buffon

Quand un vrai génie paraît dans le monde, on le distingue à cette marque : tous les sots se soulèvent contre lui.

Fréron

Tout homme qui ne se croit pas du génie n'a pas de talent...

Edmond de Goncourt, *Journal.*

Appelons hommes de génie ceux qui font vite ce que nous faisons lentement.

Joseph Joubert, *Pensées.*

Ah ! Frappe-toi le cœur, c'est là qu'est le génie.

Alfred de Musset, *Poésies.*

Quand un vrai génie paraît dans le monde, on le distingue à cette marque : tous les sots se lèvent contre lui.

Edouard Pailleron

GENTLEMAN

Un gentleman est un monsieur qui se sert d'une pince à sucre, même lorsqu'il est seul.

Alphonse Allais

GÉOGRAPHIE

La géographie est le seul art dans lequel les derniers ouvrages sont toujours les meilleurs.

Voltaire

GÉRANIUM

Recette pour changer un vil géranium
En Légion d'honneur : on ôte trois pétales !

Edmond Rostand, *L'Aiglon.*

GIGOLO

Il y a des femmes déjà flétries, qui par leur complexion ou par leur mauvais caractère sont naturellement la ressource des jeunes gens qui n'ont pas assez de bien. Je ne sais qui est plus à plaindre, ou d'une femme avancée en âge qui a besoin d'un cavalier, ou d'un cavalier qui a besoin d'une vieille.

Jean de La Bruyère, *Les Caractères.*

GLANE

Comme on voit le glaneur
Cheminant pas à pas recueillir les reliques
De ce qui va tombant après le moissonneur.

Joachim du Bellay, *Les Antiquités de Rome.*

GLAS

J'écoute résonner tout bas
Le glas de ma jeunesse.

Paul-Jean Toulet, *Les Contrerimes.*

GLOIRE

La gloire est le soleil des morts.

Honoré de Balzac, *La Recherche de l'absolu.*

Inutile de s'étonner si les nations n'ont de grands hommes que malgré elles, puisque seuls connaissent la gloire ceux qui savent adapter leur esprit avec la sottise nationale.

Charles Baudelaire

Ne dédaignons pas trop la gloire : rien n'est plus beau qu'elle si ce n'est la vertu.

Chateaubriand, *Itinéraire de Paris à Jérusalem.*

Vieillard, tu fus heureux, et ta fortune est telle
Que la Mort, malgré toi, fit ton rêve plus beau ;
La Gloire t'a donné la Jeunesse éternelle.

José Maria de Heredia, *Les Trophées.*

La gloire a sillonné de ses illustres rides
Le visage hardi de ce grand Cavalier

Qui porte sur son front que nul n'a fait plier
Le hâle de la guerre et des soleils torrides.

José Maria de Heredia, *Les Trophées.*

Heureux qui pour la Gloire ou pour la Liberté,
Dans l'orgueil de la force et l'ivresse du rêve,
Meurt ainsi d'une mort éblouissante et brève.

José Maria de Heredia, *Les Trophées.*

La gloire, astre tardif, lune sereine et sombre
Qui se lève sur les tombeaux.

Victor Hugo, *Toute la lyre.*

J'ai vu, pendant toute ma vie, sans en excepter un seul, les hommes, aux épaules étroites, faire des actes stupides et nombreux, abrutir leurs semblables, et pervertir les âmes par tous les moyens. Ils appellent les motifs de leurs actions : la gloire.

Lautréamont, *Les Chants de Maldoror.*

Vous dites que la gloire est l'estime de l'homme,
Et que la paix de l'âme est l'estime de Dieu.

Sully Prud'homme, *Poésies.*

Les feux de l'aurore ne sont pas si doux que les premiers regards de la gloire.

Vauvenargues, *Réflexions et Maximes.*

On n'est pas né pour la gloire lorsqu'on ne connaît pas le prix du temps.

Vauvenargues, *Réflexions et Maximes.*

GOÛT (BON)

Une belle âme ne va guère avec un goût faux.

Diderot, *Correspondance.*

Le bon goût vient plus du jugement que de l'esprit.

La Rochefoucauld, *Maximes.*

Il faut donc avoir de l'âme pour avoir du goût.

Vauvenargues, *Réflexions et Maximes.*

GOÛT (MAUVAIS)

Le mauvais goût du temps de Ronsard, c'était Marot; du temps de Boileau, c'était Ronsard; du temps de Voltaire, c'était Corneille, et c'était Voltaire du temps de Chateaubriand que beaucoup de gens, à cette heure, commencent à trouver un peu faible.

Gustave Flaubert, *Par les champs et par les grèves.*

GOUVERNEMENT

On gouverne les hommes avec la tête. On ne joue pas aux échecs avec un bon cœur.

Chamfort, *Maximes et Pensées.*

Le gouvernement est stationnaire, l'espèce humaine est progressive. Il faut que la puissance du gouvernement contrarie le moins qu'il est possible la marche de l'espèce humaine.

Benjamin Constant

La seule chose raisonnable, c'est un gouvernement de mandarins, pourvu que les mandarins sachent quelque chose et même qu'ils sachent beaucoup de choses.

Gustave Flaubert, *Correspondance.*

Gouverner, c'est prévoir.

Emile de Girardin

Gouverner, c'est choisir.

Duc Gaston de Lévis

Il faut écouter beaucoup et parler peu pour bien agir au gouvernement d'un état.

Richelieu

L'art de gouverner n'a produit que des monstres.

Saint-Just

Le meilleur moyen de renverser un gouvernement, c'est d'en faire partie.

Talleyrand

La science de gouverner est toute dans l'art de dorer les pilules.

Adolphe Thiers

Si un peuple a les seuls gouvernements qu'il mérite, quand mériterons-nous de n'en avoir pas ?

Paul-Jean Toulet

GRÂCE

La bonne grâce est au corps ce que le bon sens est à l'esprit.

La Rochefoucauld, *Maximes.*

Une femme sans grâce est un appât sans hameçon.

Julie de Lespinasse

Ses mouvements sont pleins d'une grâce chinoise,
Et près d'elle on respire autour de sa beauté
Quelque chose de doux comme l'odeur du thé.

Théophile Gautier, *Emaux et Camées.*

GRANDEUR

La grandeur est comme certains verres qui grossissent tous les objets.

Fénelon

Je n'ai jamais assez estimé la grandeur pour l'acheter par la haine publique.

Paul de Gondi, cardinal de Retz, *Mémoires.*

Qu'il est grand ! plus grand encore mort que vivant !

Henri III, *devant le corps du duc de Guise qu'il fit assassiner le 23/12/1588.*

Ce qui est grand est toujours beau.

Napoléon Ier

GRAND'MÈRE

Parfois notre grand'mère,
La veuve aux chers soucis,
Qui fut si belle et qui mourut si jeune,
Se montrait sur le seuil,
Le front pâli comme par un long jeûne,
Triste et douce, en grand deuil.

Théodore de Banville, *Odelettes.*

GRANDS

Parce que vous êtes un grand seigneur, vous vous croyez un grand génie !

Beaumarchais, *Le Mariage de Figaro.*

Les reines ont été vues pleurant comme de simples femmes.

Chateaubriand

Hélas ! on voit que de tout temps
Les petits ont pâti des sottises des grands.

Jean de La Fontaine, *Les Deux Taureaux et une Grenouille.*

J'ai eu, d'abord, en voyant la plupart des grands, une crainte puérile. Dès que j'ai eu fait connaissance, j'ai passé, presque sans milieu, jusqu'au mépris.

Montesquieu

GRATITUDE

La gratitude, comme le lait, tourne à l'aigre, si le vase qui la contient n'est pas scrupuleusement propre.

Remy de Gourmont

GRAVITÉ

La gravité est le bonheur des imbéciles.

Montesquieu

GUERRE

Je fais la guerre, rien que la guerre. Nous serons sans faiblesse, comme sans violence. Le pays connaîtra qu'il est défendu.

Georges Clemenceau, *le 20/11/1917.*

La guerre est une chose trop grave pour être confiée à des militaires.

Georges Clemenceau

Depuis six mille ans, la guerre
Plaît aux peuples querelleurs,

Et Dieu perd son temps à faire
Les étoiles et les fleurs.

Victor Hugo, *Les Chansons des rues et des bois.*

Sitôt que les hommes sont en société, ils perdent le sentiment de leur faiblesse ; l'égalité qui est entre eux cesse, et l'état de guerre commence.

Montesquieu, *De l'esprit des lois.*

Les nerfs des batailles sont les pécunes.

François Rabelais, *Gargantua.*

Vous savez qu'il n'est plus question que de guerre. Toute la cour est à l'armée, et toute l'armée est à la cour. Paris est un désert.

Mme de Sévigné, *Lettres.*

GUET

Anne, ma sœur Anne, ne vois-tu rien venir ?

Charles Perrault, *Barbe-Bleue.*

GUILLOTINE

On le coucha sur la bascule. Cette tête charmante et fière s'emboîta dans l'infâme collier. Le bourreau lui releva doucement les cheveux, puis pressa le ressort ; le triangle se détacha et glissa lentement d'abord, puis rapidement ; on entendit un coup hideux...

Victor Hugo, *Quatrevingt-treize.*

H

HABILETÉ

L'habileté est à la ruse ce que la dextérité est à la filouterie.

Chamfort, *Maximes et Pensées.*

Ne soyons pas si difficiles :
Les plus accommodants, ce sont les plus habiles.

Jean de La Fontaine, *Le Héron.*

C'est une grande habileté que de savoir cacher son habileté.

La Rochefoucauld, *Maximes.*

HABIT

Chez certains gens, un habit neuf, c'est presque un beau visage.

Marivaux

HAINE

La haine, comme l'amour, se nourrit des plus petites choses, tout lui va.

Honoré de Balzac, *Le Contrat de mariage.*

La haine est un tonique, elle fait vivre, elle inspire la vengeance.

Honoré de Balzac, *La Peau de chagrin.*

La haine, c'est la colère des faibles.

Alphonse Daudet, *Lettres de mon moulin.*

Ces haines vigoureuses
Que doit donner le vice aux âmes vertueuses.

Molière, *Le Misanthrope.*

Je l'ai trop aimé pour ne point le haïr.

Jean Racine, *Andromaque.*

Si je la haïssais, je ne la fuirais pas.

Jean Racine, *Phèdre.*

HAIRE

Laurent, serrez ma haire avec ma discipline.

Molière, *Le Tartuffe.*

HASARD

Le hasard est le plus grand romancier du monde ; pour être fécond, il n'y a qu'à l'étudier.

Honoré de Balzac

Le hasard, dans certains cas, c'est la volonté des autres.

Alfred Capus, *Notes et Pensées.*

Le hasard ne sert que les hommes forts et c'est ce qui indigne les sots.

Emile Gaboriau, *L'Affaire Lerouge.*

Il livre au hasard sombre une rude bataille.

Victor Hugo, *La Légende des siècles.*

Dans tout ce qu'on entreprend, il faut donner les deux tiers à la raison et l'autre tiers au hasard. Augmentez la première fraction, et vous serez pusillanime. Augmentez la seconde, vous serez téméraire.

Napoléon Ier, *Le Mémorial de Sainte-Hélène.*

Il n'y a point de hasard.

Voltaire, *Zadig.*

HÂTE

Hâtez-vous lentement.

Nicolas Boileau, *Art poétique.*

Le trop de promptitude à l'erreur nous expose.

Pierre Corneille

HÉCATOMBE

Victorieux, vaincus, fantassins, cavaliers
Les voici maintenant, blêmes, muets, farouches,
Les poings fermés, serrant les dents, et les yeux louches
Dans la mort furieuse étendus par milliers.

Leconte de Lisle, *Poèmes barbares.*

HÉRÉTIQUE

Le propre de l'hérétique, c'est-à-dire de celui qui a une opinion particulière, est de s'attacher à ses propres pensées.

Bossuet

HÉROÏSME

On peut s'enivrer de son âme. Cette ivrognerie-là s'appelle l'héroïsme.

Victor Hugo, *Les Travailleurs de la mer.*

HÉROS

On peut être héros sans ravager la terre.

Nicolas Boileau, *Satires.*

On se lasse d'être un héros et on ne se lasse pas d'être riche.

Fontenelle

HEURE

Les Chinois voient l'heure dans l'œil des chats.

Charles Baudelaire

L'heure, c'est l'heure; avant l'heure, c'est pas l'heure; après l'heure, c'est plus l'heure.

Jules Jouy

Tout suffoquant
Et blême, quand
Sonne l'heure,
Je me souviens
Des jours anciens
Et je pleure.

Paul Verlaine, *Poèmes saturniens.*

HIÉROGLYPHES

Un sceau mis sur les lèvres du désert.

Chateaubriand, *Mémoires d'outre-tombe.*

HISTOIRE

Les hommes ne veulent connaître que l'histoire des grands et des rois, qui ne sert à personne.

Bernardin de Saint-Pierre, *Paul et Virginie.*

Je me suis mêlé de paix et de guerre ; j'ai signé des traités et des protocoles ; j'ai assisté à des sièges, des congrès et des conclaves ; à la réédification et à la démolition des trônes ; j'ai fait de l'histoire, et je la pouvais écrire.

Chateaubriand, *Mémoires d'outre-tombe.*

Il est permis de violer l'histoire, à condition de lui faire un enfant.

Alexandre Dumas

L'histoire est un roman qui a été, le roman est de l'histoire qui aurait pu être.

Edmond et Jules de Goncourt, *Journal.*

L'histoire, ce riche trésor des déshonneurs de l'homme.

Henri Lacordaire, *Pensées.*

Je n'aime dans l'histoire que les anecdotes, et parmi les anecdotes, je préfère celles où j'imagine trouver une peinture vraie des mœurs et des caractères à une époque donnée.

Prosper Mérimée, *Chronique du règne de Charles IX.*

L'histoire est, dit-on, le bréviaire des rois ; à la manière dont les rois gouvernent, on voit bien que leur bréviaire ne vaut rien.

Saint-Simon, *Mémoires.*

L'histoire est une galerie de tableaux où il y a peu d'originaux et beaucoup de copies.

Alexis de Tocqueville

HISTORIEN

Le bon historien n'est d'aucun temps ni d'aucun pays : quoiqu'il aime sa patrie, il ne la flatte jamais en rien.

Fénelon

Les historiens arrivent à tirer plusieurs volumes d'un personnage dont on ne sait pas grand-chose. C'est une manière de contempler l'univers dans une bulle de savon.

Prosper Mérimée

HIVER

J'aime l'hiver qui vient purger mon cœur de vice,
Comme de peste l'air, la terre de serpents.

Agrippa d'Aubigné

Tout l'hiver va rentrer dans mon être : colère,
Haine, frissons, horreur, labeur dur et forcé,
Et, comme le soleil dans son enfer polaire,
Mon cœur ne sera plus qu'un bloc rouge et glacé.

Charles Baudelaire, *Les Fleurs du mal.*

Entre les loups cruels, j'erre parmi la plaine.
Je sens venir l'hiver, de qui la froide haleine
D'une tremblante horreur fait hérisser ma peau.

Joachim du Bellay, *Les Regrets.*

Les vases ont des fleurs de givre,
Sous la charmille aux blancs réseaux;
Et sur la neige on voit se suivre
Les pas étoilés des oiseaux.

Théophile Gautier

Il faisait un temps de décembre,
Vent froid, fine pluie et brouillard.

Théophile Gautier, *Emaux et Camées.*

Blocus sentimental ! Messageries du Levant !...
Oh, tombée de la pluie ! Oh ! tombée de la nuit,
Oh ! le vent !...

Jules Laforgue

L'hiver gèle les fricots des pauvres aux assiettes sans fleurs peintes.

Jules Laforgue, *Les Complaintes.*

Le printemps maladif a chassé tristement
L'hiver, saison de l'art serein, l'hiver lucide.

Stéphane Mallarmé

Il faisait, dans cette avenue,
Un froid de loup, un temps de chien.

Alfred de Musset

Voici venir l'hiver, tueur de pauvres gens.

Jean Richepin

L'hiver bat la vitre et le toit.
Il fait bon dans la chambre,
A part cette sale odeur d'ambre
Et de plaisir.

Paul-Jean Toulet

HOMME

L'homme est plein d'imperfections mais on ne peut que se montrer indulgent si l'on songe à l'époque où il fut créé.

Alphonse Allais

Homme. C'est un être sentant, réfléchissant, pensant, qui se promène librement sur la surface de la terre, qui paraît être à la tête de tous les autres animaux sur lesquels il domine, qui vit en société, qui a inventé des sciences et des arts.

Diderot

Dire que l'homme est un composé de force et de faiblesse, de lumière et d'aveuglement, de petitesse et de grandeur, ce n'est pas lui faire son procès, c'est le définir.

Diderot

Car enfin, qu'est-ce que l'homme dans la nature ? Un néant à l'égard de l'infini, un tout à l'égard du néant, un milieu entre rien et tout.

Pascal, *Pensées.*

L'homme n'est ni ange ni bête, et le malheur veut que qui veut faire l'ange fait la bête.

Pascal, *Pensées.*

Les hommes sont faux, ambitieux, vaniteux, égoïstes, et le meilleur ne vaut pas le diable, c'est bien triste.

George Sand, *Correspondance.*

HOMME PUBLIC

Tout homme que la fortune seule a fait homme public devient presque toujours, avec un peu de temps, un particulier ridicule. L'on ne revient plus de cet état.

Paul de Gondi, cardinal de Retz, *Mémoires.*

HONNÊTE HOMME

L'honnête homme est un homme poli et qui sait vivre.

Bussy-Rabutin, *Correspondance.*

Le vrai honnête homme est celui qui ne se pique de rien.

La Rochefoucauld, *Maximes.*

HONNÊTETÉ

L'honnêteté est la plus grande de toutes les malices, parce que c'est la seule que les malins ne prévoient pas.

Alexandre Dumas fils

Les bourgeois honnêtes ne comprennent pas qu'on puisse être honnête autrement qu'eux.

André Gide, *Les Faux-Monnayeurs.*

HONNEUR

L'honneur c'est comme la virginité, ça ne sert qu'une fois.

Georges Clemenceau

Qui aura le profit aura l'honneur.

Philippe de Commynes, *Mémoires.*

L'amour n'est qu'un plaisir, l'honneur est un devoir.

Pierre Corneille, *Le Cid.*

Tout est perdu, fors l'honneur.

François Ier, *après la défaite de Pavie 25/2/1525.*

Il y a des gens qui observent les règles de l'honneur, comme on observe les étoiles, de très loin.

Victor Hugo

Tant de gens échangent volontiers l'honneur contre les honneurs.

Alphonse Karr

L'honneur, c'est comme les allumettes : ça ne sert qu'une fois.

Marcel Pagnol, *Marius.*

HONTE

Il y a une espèce de honte d'être heureux à la vue de certaines misères.

La Bruyère, *Les Caractères.*

Honteux comme un renard qu'une poule aurait pris.

Jean de La Fontaine, *Le Renard et la Cigogne.*

HORIZON

Courons vers l'horizon, il est tard, courons vite,
Pour attraper au moins un oblique rayon.

Charles Baudelaire, *Les Fleurs du mal.*

HORLOGE

Les horloges
Volontaires et vigilantes,
Pareilles aux vieilles servantes
Boitant de leurs sabots ou glissant sur leurs bas.
Les horloges que j'interroge
Serrent ma peur en leur compas.

Emile Verhaeren

HOSANNAH

Hosannah sur le cistre et dans les encensoirs,
Notre-Dame, hosannah du jardin de nos limbes !

Stéphane Mallarmé, *Poésies.*

HUMANITÉ

Chaque homme est une humanité, une histoire universelle.

Jules Michelet, *Histoire de France.*

Cette tristesse et ce comique d'être un homme. Tristesse qui fait rire, comique qui fait pleurer les âmes hautes.

Octave Mirbeau

Périsse la patrie, et que l'humanité soit sauvée !

Proudhon

HUMILITÉ

La grandeur de l'homme est grande en ce qu'il se connaît misérable. Un arbre ne se connaît pas misérable. C'est donc être misérable que de se connaître misérable ; mais c'est être grand que de connaître qu'on est misérable.

Pascal, *Pensées.*

HUMOUR

Humour : pudeur, jeu d'esprit. C'est la propreté morale et quotidienne de l'esprit.

Jules Renard, *Journal.*

L'humoriste, c'est un homme de bonne mauvaise humeur.

Jules Renard, *Journal.*

HYPOCRISIE

Il arrive quelquefois qu'une femme cache à un homme toute la passion qu'elle sent pour lui, pendant que de son côté il feint pour elle toute celle qu'il ne sent pas.

Jean de La Bruyère, *Les Caractères.*

J'embrasse mon rival, mais c'est pour l'étouffer.

Jean Racine, *Britannicus.*

Savoir dissimuler est le savoir des rois.

Richelieu

L'hypocrisie est un hommage que le vice rend à la vertu.

La Rochefoucauld, *Maximes.*

I

IDÉE

Les idées sont des fonds qui ne portent intérêt qu'entre les mains du talent.

Rivarol

N'attaquez jamais un homme pour les idées qu'il n'a pas ; vous les lui donneriez.

Pierre-Paul Royer-Collard

IDIOT

Passer pour un idiot aux yeux d'un imbécile est une volupté de fin gourmet.

Georges Courteline

IDOLE

Il ne faut pas toucher aux idoles, la dorure en reste aux mains.

Gustave Flaubert

IGNORANCE

Mais le vice n'a point pour mère la science,
Et la vertu n'est pas fille de l'ignorance.

Agrippa d'Aubigné, *Les Tragiques.*

L'ignorance vaut mieux qu'un savoir affecté.

Nicolas Boileau, *Epîtres.*

L'ignorance toujours est prête à s'admirer.

Nicolas Boileau, *Art poétique.*

C'est la profonde ignorance qui inspire le ton dogmatique.

Jean de La Bruyère, *Les Caractères.*

Ignorance est mère de tous les maux.

François Rabelais

ILE

Une île paresseuse où la nature donne
Des arbres singuliers et des fruits savoureux;
Des hommes dont le corps est mince et vigoureux,
Et des femmes dont l'œil par sa franchise étonne.

Charles Baudelaire, *Les Fleurs du mal.*

ILLUSION

Tant d'hommes qu'on croit heureux parce qu'on ne les voit que passer.

Astolphe de Custine

La vérité est une illusion et l'illusion est une vérité.

Remy de Gourmont

En ce monde l'on n'est sûr de rien, puisque la lumière est une illusion, puisque le bruit est une illusion.

Guy de Maupassant, *Le Horla.*

Pour faire illusion aux autres, il faut être capable de se faire illusion à soi-même, et c'est un privilège qui n'est donné qu'au fanatisme et au génie, aux fous et aux poètes.

Charles Nodier

Et les manteaux de duc traînent dans leur fourrure,
Pendant que des grandeurs on monte les degrés
Un bruit d'illusions sèches et de regrets.

Edmond Rostand, *Cyrano de Bergerac.*

Le rêve de l'homme est semblable
Aux illusions de la mer.

Paul-Jean Toulet

IMAGE

Si Dieu nous a fait à son image, nous le lui avons bien rendu.

Voltaire

IMAGINATION

C'est l'imagination qui perd les batailles.

Joseph de Maistre

L'imagination est la folle du logis.

Nicolas de Malebranche

IMBÉCILE

On ne peut être et avoir été. Mais si ! On peut avoir été un imbécile et l'être toujours.

Léon Bloy

Quatre sortes de personnes dans le monde : les amoureux, les ambitieux, les observateurs et les imbéciles. Les plus heureux sont les imbéciles.

Hippolyte Taine

IMMOBILITÉ

Dans Venise la rouge,
Pas un bateau qui bouge,
Pas un pêcheur dans l'eau,
Pas un falot.

Alfred de Musset

IMPATIENCE

J'ai failli attendre.

Louis XIV

IMPÉCUNIOSITÉ

Faute d'argent, c'est douleur non pareille.

François Rabelais, *Pantagruel.*

IMPOSSIBLE

Si c'est possible, c'est fait ; si c'est impossible, cela se fera.

Charles Alexandre de Calonne

Impossible n'est pas français.

Napoléon Ier

IMPÔT

La France est un pays extrêmement fertile : on y plante des fonctionnaires et il y pousse des impôts.

Georges Clemenceau

Un pauvre passementier, dans ce faubourg Saint-Marceau, était taxé à dix écus pour un impôt sur les maîtrises. Il ne les avait pas : on le presse et represse ; il demande du temps, on lui refuse ; on prend son pauvre lit et sa pauvre écuelle. Quand il se vit en cet état, la rage s'empara de son cœur : il coupa la gorge à trois enfants qui étaient dans sa chambre ; sa femme sauva le quatrième, et s'enfuit. Le pauvre homme est au Châtelet. Il sera pendu dans un jour ou deux. Il dit que tout son déplaisir, c'est de n'avoir pas tué sa femme et l'enfant qu'elle a sauvé.

Mme de Sévigné, *Lettres.*

IMPRÉVOYANCE

Vous chantiez ? J'en suis fort aise :
Eh bien ! dansez maintenant.

Jean de La Fontaine, *La Cigale et la Fourmi.*

IMPUDEUR

La princesse Pauline Borghèse (sœur de l'Empereur) n'avait pas en toute sa personne une goutte de pudeur pour teinter de rose la plus petite place de son corps charmant... Le mot naïf et étonné de la Borghèse, quand on lui demanda comment elle avait bien pu poser nue devant Canova : « Mais l'atelier était chaud ! il y avait un poêle ! »

Barbey d'Aurevilly, *Les Diaboliques.*

INCERTITUDE

Il n'est pas certain que tout soit certain.

Pascal, *Pensées.*

INCOMMUNICABILITÉ

Elle sentait entre elle et lui comme un voile, un obstacle, s'apercevant pour la première fois que deux personnes ne se pénètrent jamais jusqu'à l'âme, jusqu'au fond des pensées, qu'elles marchent côte à côte, enlacées parfois, mais non mêlées, et que l'être moral de chacun de nous reste éternellement seul par la vie.

Guy de Maupassant, *Une Vie.*

INCOMPATIBILITÉ

L'amour et l'amitié s'excluent l'un l'autre.

Jean de La Bruyère, *Les Caractères.*

INCOMPRÉHENSION

Si les hommes n'entendent rien au cœur des femmes, les femmes n'entendent rien à l'honneur des hommes.

Alexandre Dumas fils, *Denise.*

Il y a trois choses que j'ai beaucoup aimées sans rien y comprendre : la musique, la peinture et les femmes.

Fontenelle

INCONNUE

O toi que j'eusse aimée, ô toi qui le savais.

Charles Baudelaire, *Les Fleurs du mal.*

INCROYANCE

L'incroyance est la ruine non seulement des individus, mais des sociétés.

Lamennais

INDIFFÉRENCE

Hélas ! j'aurai passé près d'elle inaperçu,
Toujours à ses côtés, et pourtant solitaire,
Et j'aurai jusqu'au bout fait mon temps sur la terre,
N'osant rien demander et n'ayant rien reçu.

Félix Arvers, *Mes heures perdues.*

Sidonie a plus d'un amant
Qu'on le lui reproche ou l'en loue
Elle s'en moque également.

Charles Cros, *Le Coffret de santal.*

L'indifférence fait les sages et l'insensibilité les monstres.

Diderot

Le pire de tous les états de l'âme est l'indifférence.

Lamennais

Quand on veut rester pur, il ne faut point se mêler d'agir sur les hommes.

Alfred de Vigny, *Cinq-Mars.*

INFIDÉLITÉ

Pour les hommes, l'infidélité n'est pas l'inconstance.

Choderlos de Laclos, *Les Liaisons dangereuses.*

INFINI

Le silence éternel de ces espaces infinis m'effraie.

Pascal, *Pensées.*

Et l'Infini terrible effara ton œil bleu !

Arthur Rimbaud, *Poésies.*

INFORTUNE

Le cœur grossier de la prospérité ne peut comprendre les sentiments délicats de l'infortune.

Chateaubriand, *Essai sur les révolutions.*

La fièvre, à ce que l'on dit, nous délivre des puces, et l'infortune de nos amis.

Paul-Jean Toulet, *Les Trois Impostures.*

INGRATITUDE

On n'aime point à voir ceux à qui l'on doit tout.

Pierre Corneille, *Nicomède.*

Les malheureux sont ingrats ; cela fait partie de leur malheur.

Victor Hugo

[...] S'il fallait condamner
Tous les ingrats qui sont au monde
A qui pourrait-on pardonner ?

Jean de La Fontaine, *L'Homme et la Couleuvre.*

On ne trouve guère d'ingrats tant qu'on est en mesure de faire du bien.

La Rochefoucauld, *Maximes.*

Soyons ingrats si nous voulons sauver la patrie.

Saint-Just

INJURE

Les injures suivent la loi de la pesanteur. Elles n'ont de poids que si elles tombent de haut.

François Guizot

INJUSTICE

L'injustice appelle l'injustice ; la violence engendre la violence.

Henri Lacordaire, *Pensées.*

Selon que vous serez puissant ou misérable
Les jugements de cour vous feront blanc ou noir.

Jean de La Fontaine, *Les Animaux malades de la peste.*

L'injustice est une mère qui n'est jamais stérile et qui produit des enfants dignes d'elle.

Adolphe Thiers

INNOCENCE

Je me défendrai mal : l'innocence étonnée
Ne peut s'imaginer qu'elle soit soupçonnée.

Pierre Corneille, *Rodogune.*

Il vaut mieux hasarder de sauver un coupable que de condamner un innocent.

Voltaire, *Zadig.*

INQUISITION

A une époque où la foi religieuse et les mœurs publiques étaient fortes, l'Inquisition, ce tribunal qui jugeait la pensée, cette grande institution dont l'idée seule tortille nos petits nerfs et escarbouille nos têtes de linottes, l'Inquisition savait bien que les crimes spirituels étaient les plus grands, et elle les châtiait comme tels.

Barbey d'Aurevilly, *Les Diaboliques.*

INSATISFACTION

Les délicats sont malheureux,
Rien ne saurait les satisfaire.

Jean de La Fontaine, *Contre ceux qui ont un goût difficile.*

INSENSIBILITÉ

L'indifférence fait les sages et l'insensibilité les monstres.

Diderot

Je goûterai le fard pleuré par tes paupières,
Pour voir s'il sait donner au cœur que tu frappas
L'insensibilité de l'azur et des pierres.

Stéphane Mallarmé, *Poésies.*

INSINUATION

Si je n'affirme pas davantage, c'est que je crois l'insinuation plus efficace.

André Gide

INSOMNIE

La nuit, lorsque l'aquilon ébranlait ma chambre, que les pluies tombaient en torrent sur mon toit, qu'à travers ma fenêtre je voyais la lune sillonner les nuages amoncelés, comme un pâle vaisseau qui laboure les vagues, il me semblait que la vie redoublait au fond de mon cœur, que j'aurais la puissance de créer des mondes.

Chateaubriand, *René.*

INSOUCIANCE

L'insouciance est l'art de se balancer dans la vie comme sur une escarpolette, sans s'inquiéter du moment où la corde cassera.

Honoré de Balzac, *Pensées.*

Sur le printemps de ma jeunesse folle,
Je ressemblais l'arondelle qui vole
Puis ça, puis là : l'âge me conduisait,
Sans peur ne soin, où le cœur me disait.

Clément Marot

Hé ! Dieu si j'eusse étudié
Au temps de ma jeunesse folle
Et à bonnes mœurs dédié
J'eusse maison et couche molle ;
Mais quoi je fuyais l'école
Comme fait le mauvais enfant.

François Villon, *Le Testament.*

INSTANT

Chaque instant de la vie est un pas vers la mort.

Pierre Corneille, *Tite et Bérénice.*

INSTINCT

En art comme en amour, l'instinct suffit.

Anatole France

INSULTE

Oh ! N'insultez jamais une femme qui tombe !
Qui sait sous quel fardeau la pauvre âme succombe !

Victor Hugo, *Les Chants du crépuscule.*

INTIMITÉ

Alors commença l'intimité enfantine et charmante des niaiseries d'amour, des petits mots bêtes et délicieux, le baptême avec des noms mignards de tous les détours et contours et replis de leurs corps où se plaisaient leurs bouches.

Guy de Maupassant, *Une Vie.*

INTUITION

Un homme d'esprit sent ce que d'autres ne font que savoir.

Montesquieu

INUTILITÉ

Mais on ne se bat pas dans l'espoir du succès !
Non ! non, c'est bien plus beau lorsque c'est inutile !

Edmond Rostand, *Cyrano de Bergerac.*

INVINCIBILITÉ

Ton bras est invaincu, mais non pas invincible.

Pierre Corneille, *Le Cid.*

IRASCIBLE

Ne frottez pas une allumette contre l'irascible. C'est lui qui prendrait feu.

Ernest Jaubert

IRONIE

Sans l'ironie, le monde serait comme une forêt sans oiseaux.

Anatole France

L'ironie est une clairvoyance.

Remy de Gourmont, *Promenades littéraires.*

Tout homme qui raille peut avoir de l'esprit ; il veut même en avoir plus que celui qu'il plaisante. La preuve en est que, si ce dernier répond, il est déconcerté.

Montesquieu

L'ironie est la pudeur de l'humanité.

Jules Renard, *Journal.*

IRRÉSOLUTION

Les esprits irrésolus ne suivent presque jamais ni leur vue ni leur sentiment, tant qu'il leur reste une excuse pour ne pas se déterminer.

Paul de Gondi, cardinal de Retz, *Mémoires.*

ISOLEMENT

Tu t'entretenais seule, au visage abaissé,
Pensive toute à toi, n'aimant rien que toi-même,
Dédaignant un chacun d'un sourcil ramassé,
Comme une qui ne veut qu'on la cherche ou qu'on l'aime.

Pierre de Ronsard

ITALIE

L'Italie avait encore une grande force au XVIe siècle. Le pays de Michel-Ange et de Christophe Collomb ne manquait pas d'énergie. Mais lorsqu'elle se fut proclamée misérable, infâme, par la voix de Machiavel, le monde la prit au mot, et lui marcha dessus.

Jules Michelet, *Le Peuple.*

IVRESSE

Toi, vieux Gaulois et fils du bon Villon,
Vide ton verre et baise ta maîtresse.

Théodore de Banville, *Odes funambulesques.*

Qu'importe le flacon, pourvu qu'on ait l'ivresse.

Alfred de Musset, *La Coupe et les Lèvres.*

Etre saoul, vous ne savez pas quelle victoire
C'est qu'on emporte sur la vie, et quel don c'est!
On oublie, on revoit, on ignore et l'on sait;
C'est du mystère plein d'aperçus, c'est du rêve
Qui n'a jamais eu de naissance et ne s'achève
Pas, et ne se meut pas dans l'essence d'ici.

Paul Verlaine, *Jadis et naguère.*

J

JALOUSIE

La jalousie est un doute, la crainte est une petitesse.

Honoré de Balzac, *Le Contrat de mariage.*

On méprise un homme qui est jaloux de sa femme parce que c'est un témoignage qu'il ne l'aime pas de la bonne sorte, et qu'il a mauvaise opinion de soi ou d'elle. Je dis qu'il ne l'aime pas de la bonne sorte, car s'il avait un vrai amour pour elle, il n'aurait aucune inclinaison à s'en défier; mais ce n'est pas proprement elle qu'il aime, c'est seulement le bien qu'il imagine consister à en avoir seul la possession.

Descartes, *Les Passions de l'âme.*

Tantôt, rebelle injuste et jaloux, je la blesse
Et je sens dans mon cœur sourdre la cruauté.
Elle ne comprend pas, et je lui semble infâme.
Oh! que je serais doux si tu n'étais qu'une âme!
Ce qui me rend méchant, vois-tu, c'est ta beauté.

Sully Prud'homme, *Poésies.*

La jalousie est une preuve de cœur, comme la goutte, de jambes.

Paul-Jean Toulet, *Monsieur du Paur, homme public.*

JAMBE

Les jambes permettent aux hommes de marcher et aux femmes de faire leur chemin.

Alphonse Allais

Sur ce discours louera qui voudra les autres beautés de la dame, comme ont fait plusieurs poètes; mais une belle jambe et un beau pied ont une grande faveur et pouvoir à l'empire d'amour.

Brantôme, *Vies des dames galantes.*

JAURÈS

On reconnaît un discours de Jaurès parce que tous les verbes sont au futur.

Georges Clemenceau

JEU

Le jeu, c'était la grande affaire de ces anciens nobles, taillés dans le patron des grands seigneurs, et désœuvrés comme de vieilles femmes aveugles. Ils jouaient comme des Normands, des aïeux d'Anglais, la race la plus joueuse du monde.

Barbey d'Aurevilly, *Les Diaboliques.*

Le monde est un brelan où tout est confondu :
Tel pense avoir gagné qui a souvent perdu.

Mathurin Régnier

JEUNESSE

Heureux celui qui, sans paresse,
L'œil clair et les cheveux flottants,
Dit ces mots si doux : « Ma maîtresse »,
Avec des lèvres de vingt ans !

Théodore de Banville, *Rimes dorées.*

Les jours se sont enfuis, d'un vol mystérieux,
Mais toujours la jeunesse éclatante et vermeille
Fleurit dans ton sourire et brille dans tes yeux.

Théodore de Banville

Il avait vécu cette niaise première jeunesse qui fait de l'homme le Jocrisse de ses sensations, et pour qui la première venue qui passe est un magnétisme.

Barbey d'Aurevilly, *Les Diaboliques.*

Ma jeunesse ne fut qu'un ténébreux orage,
Traversé çà et là par de brillants soleils.

Charles Baudelaire, *Les Fleurs du mal.*

J'avais vingt ans, une folle maîtresse,
De francs amis et l'amour des chansons.

Béranger, *Le Grenier.*

Si jeunesse savait, si vieillesse pouvait.

Henri Estienne

Plus ne suis ce que j'ai été,
Et ne saurais plus jamais l'être;
Mon beau printemps et mon été
Ont fait le saut par la fenêtre.

Clément Marot

Mais non, — ma jeunesse est finie...
Adieu, doux rayon qui m'as lui, —
Parfum, jeune fille, harmonie...
Le bonheur passait, — il a fui!

Gérard de Nerval

Oisive jeunesse
A tout asservie,
Par délicatesse
J'ai perdu ma vie.
Ah! Que le temps vienne
Où les cœurs s'éprennent.

Arthur Rimbaud

Cueillez, cueillez votre jeunesse :
Comme à cette fleur, la vieillesse
Fera ternir votre beauté.

Pierre de Ronsard, *Ode à Cassandre.*

Toute jeunesse vient des morts :
C'est dans une funèbre pâte
Que, toujours, sans lenteur ni hâte,
Une main pétrit les beaux corps
Tandis qu'une autre main les gâte.

Sully Prud'homme, *Poésies.*

Vous désirez savoir de moi
D'où me vient pour vous ma tendresse ;
Je vous aime, voici pourquoi :
Vous ressemblez à ma jeunesse.

Sully Prud'homme, *Poésies.*

JOIE

La joie ne peut éclater que parmi des gens qui se sentent égaux.

Honoré de Balzac, *La Vendetta.*

JOIE (FAUSSE)

Souvent une fausse joie vaut mieux qu'une tristesse dont la cause est vraie.

Descartes

JOUET

Bénie soit la Providence qui a donné à chacun un joujou : la poupée à l'enfant, l'enfant à la femme, la femme à l'homme, et l'homme au diable.

Victor Hugo

JOUISSANCE

L'homme jouit du bonheur qu'il ressent, et la femme de celui qu'elle procure.

Choderlos de Laclos, *Les Liaisons dangereuses.*

Jouis, il n'est pas d'autre sagesse ; fais jouir ton semblable, il n'est pas d'autre vertu.

Etienne de Senancour

JOUR

Le jour tant soit il court vaut mieux que la nuitée.

Pierre de Ronsard

Les jours sont des fruits et notre rôle est de les manger.

Jean Giono, *Rondeur des jours.*

JOURNAL

Tout journal, de la première ligne à la dernière, n'est qu'un tissu d'horreurs. Guerres, crimes, vols, impudicité, tortures, crimes de princes, crimes des nations, crimes des particuliers, une ivresse d'atrocité universelle.

Charles Baudelaire

JOURNALISME

Le journalisme est une grande catapulte mise en mouvement par de petites haines.

Honoré de Balzac

JUPONS

Les jupons blancs de toutes les longueurs, le jupon qui bride les genoux et le jupon à traîne dont la balayeuse couvre le sol, une mer montante de jupons, dans laquelle les jambes se noyaient.

Emile Zola, *Au Bonheur des Dames.*

JUSTICE

A force d'être juste, on est souvent coupable.

Pierre Corneille, *Pompée.*

Les balances de la justice trébuchent; et pourtant l'on dit : raide comme la justice. La justice serait-elle ivre ?

Alfred Jarry

La justice est le droit du plus faible.

Joseph Joubert, *Pensées.*

Le glaive de la justice n'a pas de fourreau.

Joseph de Maistre, *Les Soirées de Saint-Petersbourg.*

La justice consiste à mesurer la peine et la faute, et l'extrême justice est une injure.

Montesquieu

Ne pouvant fortifier la justice, on a justifié la force.

Pascal, *Pensées.*

Plaisante justice, qu'une rivière ou une montagne borne! Vérité en deçà des Pyrénées, erreur au-delà.

Pascal, *Pensées.*

La justice est humaine, tout humaine, rien qu'humaine ; c'est lui faire tort que de la rapporter, de près ou de loin, directement ou indirectement, à un principe supérieur ou antérieur à l'humanité.

Proudhon

Une extrême justice est souvent une injure.

Jean Racine, *La Thébaïde.*

Il vaut mieux hasarder de sauver un coupable que de condamner un innocent.

Voltaire, *Zadig.*

K

KLEPTOMANIE

Elle volait avec de l'argent plein la poche, elle volait pour voler, comme on aime pour aimer, sous le coup de fouet du désir, dans le détraquement de la névrose.

Emile Zola, *Au Bonheur des Dames.*

L

L

LA FONTAINE

On fait apprendre les fables de La Fontaine à tous les enfants, et il n'y en a pas un seul qui les entende. Quand ils les entendraient, ce serait encore pis ; car la morale en est tellement mêlée et si disproportionnée à leur âge, qu'elle les porterait plus au vice qu'à la vertu.

Jean-Jacques Rousseau

Faites-vous envoyer promptement les Fables de la Fontaine : elles sont divines.

Mme de Sévigné, *Lettres.*

LAIDEUR

Il était laid : des traits austères,
La main plus rude que le gant...

Victor Hugo, *Odes et ballades.*

Si une laide se fait aimer, ce ne peut être qu'éperdument.

Jean de La Bruyère, *Les Caractères.*

Il était si laid que lorsqu'il faisait des grimaces, il l'était moins.

Jules Renard, *Journal.*

(...) C'est dans le conte
Que lorsqu'on dit : Je t'aime ! au prince plein de honte,
Il sent sa laideur fondre à ces mots de soleil...
Mais tu t'apercevrais que je reste pareil.

Edmond Rostand, *Cyrano de Bergerac.*

Pellisson abusait de la permission qu'ont les hommes d'être laids.

Mme de Sévigné, *Lettres.*

J'aimerais trouver une femme avec un amant plus laid que moi.

Toulouse-Lautrec

LANDE

La lande rase, rose et grise et monotone
Où croulent les manoirs sous le lierre et les ifs.

José Maria de Heredia, *Les Trophées.*

LANGAGE

Je vis de bonne soupe, et non de beau langage.

Molière, *Les Femmes savantes.*

Ah ! Qu'en termes galants ces choses-là sont mises !

Molière, *Le Misanthrope.*

LANGUE FRANÇAISE

Notre langue n'est qu'un mélange de grec, de latin et de tudesque, avec quelques restes confus de gaulois.

Fénelon

La langue française est une femme. Et cette femme est si belle, si fière, si modeste, si hardie, si touchante, si voluptueuse, si chaste, si noble, si familière, si folle, si sage, qu'on l'aime de toute son âme, et qu'on n'est jamais tenté de lui être infidèle.

Anatole France

LANGUEUR

J'ai mieux aimé mourir que languir si longtemps.

Pierre de Ronsard

Ariane, ma sœur, de quel amour blessée
Vous mourûtes aux bords où vous fûtes laissée!

Jean Racine, *Phèdre.*

LAQUAIS

Dans ces meubles laqués, rideaux et dais moroses
Danse, aime, bleu laquais, ris d'oser des mots roses.

Charles Cros

J'ai l'habit d'un laquais et vous en avez l'âme.

Victor Hugo, *Ruy Blas.*

LA ROCHEFOUCAULD

Il n'a jamais été guerrier, quoiqu'il fût très soldat; il n'a jamais été par lui-même bon courtisan, quoiqu'il ait toujours eu bonne intention de l'être; il n'a jamais été bon homme de parti quoique toute sa vie il y ait été engagé.

Paul de Gondi, cardinal de Retz, *Mémoires.*

LAURIER

Gloire aux victorieux. Mais de celui qui tombe,
Laurier, que ton frisson enveloppe la tombe.

Paul-Jean Toulet

LEÇON

Cette leçon vaut bien un fromage sans doute.

Jean de La Fontaine, *Le Corbeau et le Renard.*

LECTURE

Souvent, j'ai accompli de délicieux voyages, embarqué sur un mot dans les abîmes du passé, comme l'insecte qui flotte au gré d'un fleuve sur quelque brin d'herbe.

Honoré de Balzac, *Louis Lambert.*

Toutes les grandes lectures sont une date dans l'existence.

Alphonse de Lamartine

Je n'ai jamais eu de chagrin qu'une heure de lecture n'ait dissipé.

Montesquieu

LÉGION D'HONNEUR

Recette pour changer un vil géranium
En Légion d'honneur : on ôte trois pétales !

Edmond Rostand, *L'Aiglon*

Monseigneur, il fallait voir ça sur des poitrines !
Là, sur le drap bombé, goutte de sang ardent
Qui descendait, et devenait, en descendant,
De l'or, et de l'émail, avec de la verdure...
C'était comme un bijou coulant d'une blessure.

Edmond Rostand, *L'Aiglon.*

LÉGIONS

Et là-bas, sous le pont, adossé contre une arche,
Hannibal écoutait, pensif et triomphant,
Le piétinement sourd des légions en marche.

José Maria de Heredia, *Les Trophées.*

LETTRE

La lettre jaunie où mon aïeul respectable
A mon aïeule fit des serments surannés.

Charles Cros, *Le Coffret de santal.*

LÈVRES

Il ne faut pas courir deux lèvres à la fois.

Honoré de Balzac, *Proverbes.*

Et leurs lèvres s'ouvrir comme des fleurs sanglantes.

Théodore de Banville, *Les Princesses.*

Lèvres, lit de l'amour profond comme la mort !

Albert Samain, *Au Jardin de l'Infante.*

LIBERTÉ

Dieu fit la liberté, l'homme a fait l'esclavage.

Marie-Joseph Chénier

Les hommes naissent et demeurent libres et égaux en droits.

Déclaration des droits de l'homme et du citoyen, *1789.*

C'est par la violence que l'on doit établir la liberté.

Jean-Paul Marat

La liberté est le droit de faire tout ce que les lois permettent ; et si un citoyen pouvait faire ce qu'elles défendent, il n'aurait plus de liberté, parce que les autres auraient tout de même ce pouvoir.

Montesquieu, *De l'esprit des lois.*

O liberté, que de crimes on commet en ton nom !

Madame Roland, *Dernières paroles sur l'échafaud.*

Ne le plaignez pas trop : il a vécu sans pactes,
Libre dans sa pensée autant que dans ses actes.

Edmond Rostand, *Cyrano de Bergerac.*

Renoncer à sa liberté c'est renoncer à sa qualité d'homme, aux droits de l'humanité, même à ses devoirs.(...) Une telle renonciation est incompatible avec la nature de l'homme, et c'est ôter toute moralité à ses actions que d'ôter toute liberté à sa volonté.

Jean-Jacques Rousseau, *Du contrat social.*

Les Français ne sont pas faits pour la liberté. Ils en abuseraient.

Voltaire

LIBERTIN

Le cœur d'un libertin est fait comme une auberge, on y trouve à toute heure un grand feu bien nourri.

Alfred de Musset

LIGNÉE

Et ce songe était tel, que Booz vit un chêne
Qui, sorti de son ventre, allait jusqu'au ciel bleu ;

Une race y montait comme une longue chaîne ;
Un roi chantait en bas, en haut mourait un dieu.

Victor Hugo, *La Légende des siècles.*

LINCEUL

Si vivre est un devoir, quand je l'aurai bâclé,
Que mon linceul au moins me serve de mystère.
Il faut savoir mourir, Faustine, et puis se taire.

Paul-Jean Toulet, *Les Contrerimes.*

LION

Un lion mort ne vaut pas un moucheron qui respire.

Voltaire

LIT

Le lit est tout le mariage.

Honoré de Balzac, *Physiologie du mariage.*

Nous aurons des lits pleins d'odeurs légères,
Des divans profonds comme des tombeaux,
Et d'étranges fleurs sur des étagères,
Ecloses pour nous sous des cieux plus beaux.

Charles Baudelaire, *Les Fleurs du mal.*

Heureux qui peut dormir sans peur et sans remords
Dans le lit paternel, massif et vénérable,
Où tous les siens sont nés aussi bien qu'ils sont morts.

José-Maria de Heredia, *Les Trophées.*

Je demande à ton lit le lourd sommeil sans songes
Planant sous les rideaux inconnus du remords.

Stéphane Mallarmé, *Poésies.*

Ce soir, tout va fleurir : l'immortelle nature
Se remplit de parfums, d'amour et de murmure,
Comme le lit joyeux de deux jeunes époux.

Alfred de Musset, *La Nuit de mai.*

Mais quand au lit nous serons
Entrelacés, nous ferons
Les lascifs selon les guises
Des amants qui librement
Pratiquent folâtrement
Dans les draps cent mignardises.

Pierre de Ronsard, *Les Amours de Cassandre.*

Dans le lit vaste et dévasté
J'ouvre les yeux près d'elle;
Je l'effleure : un songe infidèle
L'embrasse à mon côté.

Paul-Jean Toulet, *Les Contrerimes.*

Le seuil est parfumé, l'alcôve est large et sombre,
Et, là, parmi les fleurs, nous trouverons dans l'ombre,
Pour nos cheveux unis un lit silencieux.

Alfred de Vigny, *Les Destinées.*

LITTÉRATURE

En littérature, le plus sûr moyen d'avoir raison, c'est d'être mort.

Victor Hugo

LIVRE

Fonder la vérité sur un livre, c'est comme si on la fondait sur un tableau ou sur une statue qui ne peut intéresser qu'un pays, et que le temps altère chaque jour. Tout livre est l'art d'un homme, mais la nature est l'art de Dieu.

Bernardin de Saint-Pierre, *La Chaumière indienne.*

Certains livres ressemblent à la cuisine italienne : ils bourrent, mais ne remplissent pas.

Jules et Edmond de Goncourt, *Journal.*

C'est un métier que de faire un livre, comme de faire une pendule.

La Bruyère, *Les Caractères.*

J'ai la maladie de faire des livres, et d'en être honteux quand je les ai faits.

Montesquieu, *Pensées diverses.*

LOI

Les lois sont des toiles d'araignées à travers lesquelles passent les grosses mouches et où restent les petites.

Honoré de Balzac, *La Maison Nucingen.*

La loi juste n'est point celle qui a son effet sur tous, mais celle qui est faite pour tous.

Joseph de Maistre

Les lois se maintiennent en crédit non parce qu'elles sont justes, mais parce qu'elles sont lois.

Montaigne, *Essais.*

Les lois sont toujours utiles à ceux qui possèdent et nuisibles à ceux qui n'ont rien.

Jean-Jacques Rousseau, *Du contrat social.*

LOISIR

Le loisir, voilà la plus grande joie et la plus belle conquête de l'homme.

Remy de Gourmont

LOUANGES

Aimez qu'on vous conseille, et non pas qu'on vous loue.

Nicolas Boileau, *Art poétique.*

Le refus des louanges est un désir d'être loué deux fois.

La Rochefoucauld, *Maximes.*

On ne loue d'ordinaire que pour être loué.

La Rochefoucauld, *Maximes.*

Il y a des reproches qui louent et des louanges qui médisent.

La Rochefoucauld, *Maximes.*

LOUP

Soit comme un loup blessé qui se tait pour mourir,
Et qui mord le couteau, de sa gueule qui saigne.

Leconte de Lisle, *Poèmes barbares.*

Avec les loups on apprend à hurler.

Jean Racine, *Les Plaideurs.*

LUNE

La lune était sereine et jouait sur les flots.

Victor Hugo, *Les Orientales.*

C'était dans la nuit brune,
Sur le clocher jauni,
La lune
Comme un point sur un i.

Alfred de Musset, *Ballade à la lune.*

Ah ! la belle pleine Lune,
Grosse comme une fortune !

Jules Laforgue, *Complainte de la lune.*

La lune blanche
Luit dans les bois.

Paul Verlaine, *Les Fêtes galantes.*

LUXURE

Pétrir de belles créatures,
Et sur d'éblouissants amas
De damas
Eparpiller des chevelures.

Théodore de Banville, *Odelettes.*

Luxure, fruit de mort à l'arbre de vie.
Fruit défendu qui fait claquer les dents d'envie.

Albert Samain, *Au Jardin de l'Infante.*

Il n'y a point de passion plus égoïste que celle de la luxure.

Marquis de Sade, *Aline et Valcour.*

M

MAGIE

Le pouvoir magique à mes mains
Se dérobe encore. Aux jasmins
Les chardons ont mêlé leurs haines.

Charles Cros

MAGNÉTISME

Un homme, un être a le pouvoir, effrayant et incompréhensible, d'endormir, par la force de sa volonté, un autre être, et pendant qu'il dort, de lui voler sa pensée comme on volerait une bourse.

Guy de Maupassant

Il fallait effort pour cesser de le regarder.

Saint-Simon, *Mémoires.*

MAIN

Ne croyez pas les mains sans gants plus robustes que les autres.

Gustave Flaubert, *Par les champs et par les grèves.*

Joindre les mains, c'est bien; mais les ouvrir, c'est mieux.

Louis Ratisbonne

Vos chères mains furent mes guides.

Paul Verlaine

MAISON

Naître, vivre et mourir dans la même maison.

Sainte-Beuve, *Les Consolations.*

MAÎTRE

Aux vertus qu'on exige d'un domestique, Votre Excellence connaît-elle beaucoup de maîtres qui fussent dignes d'être valets ?

Beaumarchais, *Le Barbier de Séville.*

Je suis maître de moi comme de l'univers :
Je le suis, je veux l'être.

Pierre Corneille, *Cinna.*

Il n'est, pour voir, que l'œil du maître.

Jean de La Fontaine, *L'Œil du maître.*

Qui sait mourir n'a plus de maître.

Sully Prud'homme, *Poésies.*

MAITRESSE

Heureux celui qui, sans paresse,
L'œil clair et les cheveux flottants,
Dit ces mots si doux : « Ma maîtresse »,
Avec des lèvres de vingt ans !

Théodore de Banville, *Rimes dorées.*

MAL

Quand on cède à la peur du mal, on ressent déjà le mal de la peur.

Beaumarchais, *Le Barbier de Séville.*

Le mal qu'on dit d'autrui ne produit que du mal.

Nicolas Boileau, *Satires.*

Il m'a fait trop de bien pour en dire du mal,
Il m'a fait trop de mal pour en dire du bien.

Corneille, *Poésies.*

MALADIE

La maladie qui nous frappe n'est jamais celle de tout le monde.

François Droz, *Nouveaux cahiers.*

La plupart des femmes du monde sont malades parce qu'elles sont riches.

Prosper Mérimée

Nous avons tous assez de force pour supporter les maux d'autrui.

La Rochefoucauld, *Maximes.*

MALCHANCE

Les chanceux sont ceux qui arrivent à tout ; les malchanceux, ceux à qui tout arrive.

Eugène Labiche

MÂLE

L'amant lui faisait peur, cette peur folle qui blêmit la femme à l'approche du mâle.

Emile Zola, *Au Bonheur des Dames.*

MALÉFICES

Il est des gens dont l'approche équivaut à tous les maléfices.

Victor Segalen

MALHERBE

Je connais un poète, d'une nature toujours orageuse et vibrante, qu'un vers de Malherbe, symétrique et carré de mélodie, jette dans de longues extases.

Charles Baudelaire

Enfin Malherbe vint, et le premier en France
Fit sentir dans les vers une juste cadence,
D'un mot mis en sa place enseigna le pouvoir,
Et réduisit la muse aux règles du devoir.

Boileau, *Art poétique.*

MALHEUR

C'est au malheur à juger du malheur.

Chateaubriand, *Essai sur les révolutions.*

Les malheureux sont ingrats; cela fait partie de leur malheur.

Victor Hugo

Il y a deux manières d'être malheureux : ou désirer ce que l'on n'a pas, ou posséder ce que l'on désirait.

Pierre Louÿs

Gardez-vous de demander du temps : le malheur n'en accorde jamais.

Mirabeau

On devient moral dès qu'on est malheureux.

Marcel Proust, *A la recherche du temps perdu.*

Les malheurs des autres nous sont indifférents, à moins qu'ils nous fassent plaisir.

Jules Renard, *Journal.*

Alors le chevalier Malheur s'est rapproché,
Il a mis pied à terre et sa main m'a touché.

Paul Verlaine, *Sagesse.*

MALHONNÊTETÉ

Il était le mal et s'était accouplé à la probité. Il haïssait la vertu d'une haine de mal-marié.

Victor Hugo, *Les Travailleurs de la mer.*

MANÈGE

Tournez, tournez, bons chevaux de bois,
Tournez cent tours, tournez mille tours,
Tournez souvent et tournez toujours,
Tournez, tournez au son des hautbois.

Paul Verlaine

MAQUILLAGE

Même elle avait encor cet éclat emprunté
Dont elle eut soin de peindre et d'orner son visage,
Pour réparer des ans l'irréparable outrage.

Jean Racine, *Athalie.*

MARI

Veux-tu, ma Rosinette
Faire emplette
Du roi des maris ?...
Je ne suis pas Tircis;
Mais, la nuit, dans l'ombre,
Je vaux encore mon prix,
Et quand il fait sombre
Les plus beaux chats sont gris.

Beaumarchais, *Le Barbier de Séville.*

Tous les maris sont laids.

Montesquieu

MARIAGE

Ne commencez jamais un mariage par un viol.

Honoré de Balzac, *Physiologie du mariage.*

L'amour, dans le mariage, est une chimère.

Honoré de Balzac, *Eugénie Grandet.*

De toutes les choses sérieuses, le mariage étant la plus bouffonne...

Beaumarchais, *Le Mariage de Figaro.*

Le mariage a été pour moi un port aux eaux calmes et sûres, non pas celui où l'on s'accroche d'un anneau à la rive au risque de s'y rouiller éternellement, mais une de ces anses bleues où l'on répare les voiles et les mâts pour des excursions nouvelles aux pays inconnus.

Alphonse Daudet, *Femmes d'artistes.*

Les chaînes du mariage sont si lourdes qu'il faut être deux pour les porter. Quelquefois trois.

Alexandre Dumas fils

Quand nous nous marions, c'est pour trouver dans notre femme ce que nous avons inutilement demandé aux femmes des autres.

Alexandre Dumas fils

Phoebus de Châteaupers aussi fit une fin tragique : il se maria.

Victor Hugo, *Notre-Dame de Paris.*

Le mariage est une greffe : ça prend bien ou mal.

Victor Hugo, *Les Misérables.*

Il ne faut choisir pour épouse que la femme qu'on choisirait pour ami, si elle était homme.

Joseph Joubert, *Pensées.*

Ne craignez point de prendre des partis trop rudes et trop difficiles, quelqu'affreux qu'ils vous paraissent d'abord : ils seront plus doux dans les suites que les malheurs d'une galanterie.

Mme de La Fayette, *La Princesse de Clèves.*

Il y a de bons mariages, mais il n'y en a point de délicieux.

La Rochefoucauld, *Maximes.*

Nous marier ? Des gens qui s'aiment !

Marivaux

Il vaut mieux encore être marié que mort.

Molière, *Les Fourberies de Scapin.*

Je me mariai à trente-trois ans et tiens pour favorable le choix de trente-cinq, qu'on dit être d'Aristote. Platon ne veut pas qu'on se marie avant trente ; mais il a raison de se moquer de ceux qui font les œuvres de mariage après cinquante-cinq...

Montaigne, *Essais.*

Un bon mariage serait celui d'une femme aveugle avec un mari sourd.

Montaigne, *Essais*

Douce chose est le mariage,
Je le puis bien par moi prouver,
Même à qui possède un époux sage,
Un comme Dieu m'a fait trouver.

Christine de Pisan

Le mariage est le sacrement de la Justice, le mystère vivant de l'harmonie universelle, la forme donnée par la nature même à la religion du genre humain.

Proudhon

MARIN

Oh combien de marins, combien de capitaines
Qui sont partis joyeux pour des courses lointaines
Dans ce morne horizon se sont évanouis !
Combien ont disparu, dure et triste fortune !
Dans une mer sans fond, par une nuit sans lune,
Sous l'aveugle océan à jamais enfouis !
(...)
Où sont-ils, les marins sombrés dans les nuits noires ?

Victor Hugo, *Les Rayons et les Ombres.*

MARIVAUDAGE

Chez mes confrères, l'amour est en querelle avec tout ce qui l'environne et finit par être heureux malgré les opposants; chez moi, il n'est en querelle qu'avec lui-même et finit par être heureux malgré lui.

Marivaux

MARIVAUX

Tout le monde ne peut pas être Shakespeare, mais on peut chercher, sans se diminuer, à être Marivaux.

Claude Debussy

MARQUE

Les petites choses sont souvent de meilleures marques que les grandes.

Paul de Gondi, cardinal de Retz, *Mémoires.*

MASSE

La masse est lourde, grossière, dominée par la vue la plus superficielle de l'intérêt.

Ernest Renan, *La Réforme intellectuelle et morale de la France.*

MATHÉMATIQUES

Arithmétique ! algèbre ! géométrie ! trinité grandiose ! triangle lumineux ! Celui qui ne vous a pas connues est un insensé !

Lautréamont, *Les Chants de Maldoror.*

O mathématiques saintes, puissiez-vous, par votre commerce perpétuel, consoler le reste de mes jours de la méchanceté de l'homme et de l'injustice du Grand-Tout !

Lautréamont, *Les Chants de Maldoror.*

MATIN

Et rose, elle a vécu ce que vivent les roses,
L'espace d'un matin.

François de Malherbe, *Poésies.*

Pâle matin de Février
Couleur de tourterelle.

Paul-Jean Toulet, *Les Contrerimes.*

MÉCHANCETÉ

J'aime mieux les méchants que les imbéciles, parce qu'ils se reposent.

Alexandre Dumas

Toute méchanceté vient de faiblesse.

Jean-Jacques Rousseau, *Emile.*

MÉCONTENTEMENT

La France contient trente-six millions de sujets, sans compter les sujets de mécontentement.

Henri Rochefort

MÉDECIN

Il faut qu'il ait tué bien des gens pour s'être fait si riche.

Molière, *Le Malade imaginaire.*

Tant que les hommes pourront mourir et qu'ils aimeront à vivre, le médecin sera raillé et bien payé.

Jean de La Bruyère, *Les Caractères.*

MÉDISANCE

Le mal qu'on dit d'autrui ne produit que du mal.

Nicolas Boileau, *Satires.*

MÉDIOCRITÉ

La médiocrité est un garde-fou.

Montesquieu

MÉFIANCE

Méfiez-vous de tout le monde, et en particulier de ceux qui conseillent de vous méfier.

La Robertie

Souviens-toi de te méfier.

Prosper Mérimée *(Maxime gravée dans sa bague)*

MÉLANCOLIE

La mélancolie, c'est le bonheur d'être triste.

Victor Hugo, *Les Travailleurs de la mer.*

Ma seule étoile est morte — et mon luth constellé
Porte le soleil noir de la Mélancolie.

Gérard de Nerval

Et toi, sœur rêveuse et pâlie,
Monte, monte ô Mélancolie,
Lune des ciels roses défunts.

Albert Samain, *Au Jardin de l'Infante.*

D'où vient à l'homme la plus durable des jouissances de son cœur, cette volupté de la mélancolie, ce charme plein de secrets, qui le fait vivre de ses douleurs et s'aimer encore dans le sentiment de sa ruine ?

Sénancour, *Oberman.*

MELON

Le melon a été divisé en tranches par la nature, afin d'être mangé en famille ; la citrouille, étant plus grosse, peut être mangée avec les voisins.

Bernardin de Saint-Pierre, *Etudes de la nature.*

MÉMOIRE

La mémoire est souvent la qualité de la sottise.

Chateaubriand, *Mémoires d'outre-tombe.*

Mais voici, blanche et diaphane,
La Mémoire, au bord du chemin,
Qui me remet, comme Ariane,
Son peloton de fil en main.

Théophile Gautier

Savoir par cœur n'est pas savoir : c'est tenir ce qu'on a donné en garde à sa mémoire.

Montaigne, *Essais.*

La guirlande n'est plus, ni le brun violier,
Qu'un arôme qui meurt au fond de ton armoire
A glace. Que ne puis-je aussi bien oublier
Un acide parfum qui perce ma mémoire.

Paul-Jean Toulet

MÉNAGE

La plus utile et honorable science et occupation à une femme, c'est la science du ménage.

Montaigne, *Essais.*

On s'étudie trois semaines, on s'aime trois mois, on se dispute trois ans, on se tolère trente ans et les enfants recommencent.

Hippolyte Taine

MENSONGE

Laissez, laissez mon cœur s'enivrer d'un *mensonge,*
Plonger dans vos beaux yeux comme dans un beau songe,
Et sommeiller longtemps à l'ombre de vos cils.

Charles Baudelaire, *Les Fleurs du mal.*

On ne ment jamais autant qu'avant les élections, pendant la guerre et après la chasse.

Georges Clemenceau

L'homme du Midi ne ment pas, il se trompe. Il ne dit pas toujours la vérité, mais il croit la dire... Son mensonge à lui, ce n'est pas du mensonge, c'est une espèce de mirage...

Alphonse Daudet, *Tartarin de Tarascon.*

Les femmes et les médecins savent seuls combien le mensonge est nécessaire et bienfaisant aux hommes.

Anatole France

Sans le mensonge, la vérité périrait de désespoir et d'ennui.

Anatole France

— Tu as tort de mentir. C'est un vilain défaut, et c'est inutile, car toujours tout se sait.
— Oui, répond Poil de Carotte, mais on gagne du temps.

Jules Renard, *Poil de Carotte.*

Bretteurs et menteurs sans vergogne
Ce sont les cadets de Gascogne !

Edmond Rostand, *Cyrano de Bergerac.*

Il faut bien mentir quelquefois quand on est évêque.

Jean-Jacques Rousseau, *Les Confessions.*

D'un bout du monde à l'autre on ment et l'on mentit.
Nos neveux mentiront, comme on fait leurs ancêtres.

Voltaire, *Contes.*

MÉPRIS

Le mépris, le plus grand sentiment et le seul que valent réellement les hommes !

Barbey d'Aurevilly, *Lettre à Baudelaire.*

Il est des temps où l'on ne doit dépenser le mépris qu'avec économie, à cause du grand nombre de nécessiteux.

Chateaubriand, *Mémoires d'outre-tombe.*

Ce qui est même méprisable n'est pas toujours à mépriser.

Paul de Gondi, cardinal de Retz, *Mémoires.*

Le mépris est une pilule qu'on peut avaler mais qu'on ne peut mâcher.

Molière

J'ai eu, d'abord, en voyant la plupart des grands, une crainte puérile. Dès que j'ai eu fait connaissance, j'ai passé, presque sans milieu, jusqu'au mépris.

Montesquieu

La plupart des mépris ne valent que des mépris.

Montesquieu

On finit toujours par mépriser ceux qui sont trop facilement de notre avis.

Jules Renard, *Journal.*

Ce n'est pas mépriser assez certaines gens que de dire tout haut qu'on les méprise. Le silence seul est le souverain mépris.

Sainte-Beuve

Il ne faut pas mépriser l'homme si l'on veut obtenir des autres et de soi de grands efforts.

Alexis de Tocqueville, *Correspondance.*

Ceux qui méprisent l'homme ne sont pas de grands hommes.

Vauvenargues, *Réflexions et Maximes.*

MER

La mer, la vaste mer, console nos labeurs !
Quel démon a doté la mer, rauque chanteuse
Qu'accompagne l'immense orgue des vents grondeurs,
De cette fonction sublime de berceuse ?
La mer, la vaste mer, console nos labeurs !

Charles Baudelaire, *Les Fleurs du mal.*

Les mouettes volent et jouent,
Et les blancs coursiers de la mer,
Cabrés sur les vagues, secouent
Leurs crins échevelés dans l'air.

Théophile Gautier, *Emaux et Camées.*

La mer qui se lamente en pleurant les sirènes.

José Maria de Heredia, *Les Trophées.*

L'azur phosphorescent de la mer des Tropiques
Enchantait leur sommeil d'un mirage doré.

José Maria de Heredia, *Les Trophées.*

O mers, ô volières de ma Mémoire !

Jules Laforgue, *Les Complaintes.*

La mer dont le sanglot faisait mon roulis doux
Montait vers moi ses fleurs d'ombre aux ventouses jaunes.

Arthur Rimbaud, *Poésies.*

O mer, toi que je sens frémir
A travers la nuit creuse,
Comme le sein d'une amoureuse
Qui ne peut pas dormir.

Paul-Jean Toulet, *Les Contrerimes.*

MÈRE

Mère des souvenirs, maîtresse des maîtresses,
O toi, tous mes plaisirs ! ô toi, tous mes devoirs !
Tu te rappelleras la beauté des caresses,
La douceur du foyer et le charme des soirs,
Mère des souvenirs, maîtresse des maîtresses.

Charles Baudelaire, *Les Fleurs du mal.*

L'asile le plus sûr est le sein d'une mère.

Florian, *Fables.*

Oh ! l'amour d'une mère ! amour que nul n'oublie !
Pain merveilleux qu'un dieu partage et multiplie !

Victor Hugo, *Les Feuilles d'automne.*

MÉRITE

Le mérite est un sot, si l'argent ne l'escorte.

Montfleury, *La femme juge et partie.*

MESSE

Paris vaut bien une messe.

Henri IV

MÉTAPHYSIQUE

Quand un homme parle à un autre qui ne le comprend pas et que celui qui parle ne comprend pas, c'est de la métaphysique.

Voltaire

MÉTÉOROLOGIE (voir MOIS)

Si le temps, le sixième jour de la lune, se comporte comme le quatrième jour ou comme le cinquième jour, il se comportera de même, neuf fois sur douze dans le premier cas, et onze fois sur douze dans le second, pendant toute la lune.

Victor Hugo, *Les Travailleurs de la mer.*

MÉTIER

Chacun son métier,
Les vaches seront bien gardées.

Florian, *Fables.*

La chose la plus importante à toute la vie est le choix du métier : le hasard en dispose.

Pascal, *Pensées.*

MEUBLE

Des meubles luisants,
Polis par les ans,
Décoreraient notre chambre.

Charles Baudelaire, *Les Fleurs du mal.*

MIDI

Midi. L'air brûle et sous la terrible lumière
Le vieux fleuve alangui roule des flots de plomb ;
Du zénith aveuglant le jour tombe d'aplomb,
Et l'implacable Phré couvre l'Egypte entière.

José Maria de Heredia, *Les Trophées.*

Midi, roi des étés, épandu sur la plaine,
Tombe en nappes d'argent des hauteurs du ciel bleu.

Leconte de Lisle, *Poèmes antiques.*

MILIEU

Je suis comme un milieu entre Dieu et le néant.

Descartes, *Méditations.*

MILITAIRE

Le métier d'officier consiste surtout à punir ceux qui sont au-dessous de soi et à être puni par ceux qui sont au-dessus.

Alphonse Allais

Il suffit d'ajouter « militaire » à un mot pour lui faire perdre sa signification. Ainsi la justice militaire n'est pas la justice, la musique militaire n'est pas la musique.

Georges Clemenceau

Quand les talons claquent, l'esprit se vide.

Maréchal Lyautey

La France se perdra par les gens de guerre.

Montesquieu

MINISTÈRE

Un escalier de ministère est un endroit où des gens qui arrivent en retard croisent des gens qui partent en avance.

Georges Clemenceau

Un ministère qu'on soutient est un ministère qui tombe.

Talleyrand

MINISTRE

Il n'y a rien de si fâcheux que d'être le ministre d'un prince dont l'on n'est pas le favori.

Paul de Gondi, cardinal de Retz, *Mémoires.*

Les rois sont avec leurs ministres comme les cocus avec leurs femmes : ils ne savent jamais ce qui se passe.

Voltaire

Il faut tenir le pot de chambre aux ministres quand ils sont en place, et le leur verser sur la tête quand ils n'y sont plus.

François de Villeroi

MIRABEAU

Mirabeau est capable de tout pour de l'argent, même d'une bonne action.

Rivarol

MIRACLE

Nous doit aussi souvenir que Satan a ses miracles.

Jean Calvin, *Institution de la religion chrétienne.*

MISANTHROPIE

La misanthropie est presque toujours une grande vanité cachée sous une peau de hérisson.

Honoré de Balzac, *Pensées.*

Tout homme qui, à quarante ans, n'est pas misanthrope, n'a jamais aimé les hommes.

Chamfort, *Maximes et Pensées.*

MISÈRE

La misère a cela de bon qu'elle supprime la crainte des voleurs.

Alphonse Allais

MISÉRICORDE

Un homme couvert de crimes est toujours intéressant. C'est une cible pour la Miséricorde.

Léon Bloy, *Le Désespéré.*

MODE

La mode est pour la France ce que les mines du Pérou sont pour l'Espagne.

Colbert

MODÈLE

Les grands noms sont toujours de grandes raisons aux petits génies.

Paul de Gondi, cardinal de Retz, *Mémoires.*

MODÉRATION

Pour jouir de ce bonheur qu'on cherche tant et qu'on trouve si peu, la sagesse vaut mieux que le génie, l'estime que l'admiration, et les douceurs du sentiment que le bruit de la renommée.

D'Alembert

MODESTIE

Qu'heureux est le mortel, qui du monde ignoré,
Vit content de soi-même en un coin retiré,
Que l'amour de ce rien qu'on nomme renommée
N'a jamais enivré d'une vaine fumée !

Nicolas Boileau, *Les Plaisirs des champs.*

Il vaut mieux être moins et être ce qu'on est.

Chamfort, *Maximes et Pensées.*

La modestie est au mérite ce que les ombres sont aux figures dans un tableau : elle lui donne de la force et du relief.

La Rochefoucauld, *Maximes.*

Je rends grâce au Ciel de ce qu'ayant mis en moi de la médiocrité en tout, il a bien voulu en mettre un peu moins dans mon âme.

Montesquieu

La fausse modestie consiste à se mettre sur le même rang que les autres pour mieux montrer qu'on les dépasse.

Sully Prud'homme, *Pensées.*

Sois modeste ! C'est le genre d'orgueil qui déplaît le moins !

Jules Renard, *Journal.*

MOELLE

Rompre l'os et sucer la substantifique moelle.

François Rabelais, *Gargantua.*

MŒURS

Chez les peuples qui ont des mœurs, les filles sont faciles et les femmes sévères. C'est le contraire chez ceux qui n'en ont pas.

Honoré de Balzac, *Physiologie du mariage.*

MOI

Si on me presse de dire pourquoi je l'aimais, je sens que cela ne peut s'exprimer qu'en répondant : « Parce que c'était lui, parce que c'était moi. »

Montaigne, *Essais.*

Le moi est haïssable.

Pascal, *Pensées.*

MOIS

Janvier sec et sage
Est d'un bon présage

Février trop doux
Printemps en courroux

Quand pour **mars** il tonne
L'année sera bonne

Lune d'**avril**
Ne passe pas sans gelée

Petite pluie de **mai**
Rend tout le monde gai

Juin froid et pluvieux
Tout l'an sera grincheux

Juillet sans orage
Famine au village

Temps trop beau en **août**
Annonce hiver en courroux

Septembre se nomme
Le mai de l'automne

Octobre en bruine
Hiver en ruine

En **novembre** s'il tonne
L'année sera bonne

Décembre de froid trop chiche
Ne fait pas le paysan riche.

MOISSON

La moisson de nos champs lassera les faucilles,
Et les fruits passeront la promesse des fleurs.

François de Malherbe, *Poésies.*

MOLIÈRE

Il faudra donc que nous passions pour honnêtes les impiétés et les infamies dont sont pleines les comédies de Molière ?

Bossuet

C'est dommage que Molière ne sache pas écrire.

Fénelon

Il n'a manqué à Molière que d'éviter le jargon et le barbarisme, et d'écrire purement : quel feu, quelle naïveté, quelle source de la bonne plaisanterie, quelle imitation des mœurs, quelles images et quel fléau du ridicule !

Jean de La Bruyère, *Les Caractères.*

MONARCHIE

Un monarque a souvent des lois à s'imposer ;
Et qui veut pouvoir tout ne doit pas tout oser.

Pierre Corneille, *Tite et Bérénice.*

MONDE

Dans le monde physique qu'on appelle Brute, les forts enfoncent les faibles. Un pulmonique ne crève pas le poitrail d'Hercule. Dans le Monde intellectuel et social, c'est l'opposé, les faibles foulent aux pieds les forts. Quelle dérision, mais c'est comme cela. Joli petit monde !

Barbey d'Aurevilly, *Lettre à Baudelaire.*

Mon Dieu ! qu'est-ce que ce monde ?

Cinq-Mars, *sur l'échafaud.*

La fortune et l'humeur gouvernent le monde.

La Rochefoucauld, *Maximes.*

Le monde n'est qu'une branloire perenne.

Montaigne, *Essais.*

Le monde ressemble à une vieille coquette qui déguise son âge.

Voltaire

MONTRE

Il en est du bonheur comme des montres : les moins compliquées sont celles qui se dérangent le moins.

Chamfort, *Maximes et Pensées.*

MONTURE

Qui veut voyager loin ménage sa monture.

Jean Racine, *Les Plaideurs.*

MONUMENT

Quand l'homme a passé, les monuments de sa vie sont encore plus vains que ceux de sa mort : son mausolée est au moins utile à ses cendres ; mais ses palais gardent-ils quelque chose de ses plaisirs ?

Chateaubriand, *Itinéraire de Paris à Jérusalem.*

MOQUERIE

La moquerie est souvent indigence d'esprit.

Jean de La Bruyère, *Les Caractères.*

MORALE

Notre morale ? Une houppette pour nous-mêmes, une étrille pour les autres.

Ernest Jaubert, *Menuailles.*

La vraie morale se moque de la morale.

Pascal, *Pensées.*

Un livre de morale est comme une boutique de friperie : l'auteur y étale souvent les pensées d'autrui, mais il a grand soin de les retourner auparavant.

Baronne de Stassart, *Pensées morales.*

MORSURE

Quelquefois, pour apaiser
Ta rage mystérieuse,
Tu prodigues, sérieuse,
La morsure et le baiser.

Charles Baudelaire, *Les Fleurs du mal.*

MORT

O Mort, vieux capitaine, il est temps ! Levons l'ancre !
Ce pays nous ennuie, ô Mort ! Appareillons !

Charles Baudelaire, *Les Fleurs du mal.*

Tout nous ramène à quelque idée de la mort, parce que cette idée est au fond de la vie.

Chateaubriand, *Voyage en Amérique.*

Je meurs, avant le soir j'ai fini ma journée.

André Chénier, *Poésies.*

Ma mort était ma gloire, et le destin m'en prive...

Pierre Corneille, *Pompée.*

L'homme naît sans dents, sans cheveux et sans illusions, et il meurt de même, sans cheveux, sans dents et sans illusions.

Alexandre Dumas

Ne dites pas mourir, dites naître.

Victor Hugo

La mort ne surprend point le sage :
Il est toujours prêt à partir.

Jean de La Fontaine, *La Mort et le Mourant.*

Le soleil ni la mort ne peuvent se regarder fixement.

La Rochefoucauld, *Maximes.*

O Mort, le seul baiser aux bouches taciturnes.

Stéphane Mallarmé

On ne meurt qu'une fois et c'est pour si longtemps !

Molière, *Le Dépit amoureux.*

Que vous êtes pressante, ô déesse cruelle !

Jean de La Fontaine, *La Mort et le Mourant.*

La Mort a des rigueurs à nulle autre pareille ;
On a beau la prier
La cruelle qu'elle est se bouche les oreilles,
Et nous laisse crier.

François de Malherbe, *Poésies.*

Que ce mot, si court, est insondable et terrible !

Guy de Maupassant, *Correspondance.*

Je veux que la mort me trouve plantant mes choux, mais nonchalant d'elle, et encore plus de mon jardin imparfait.

Montaigne, *Essais.*

Tous les jours vont à la mort, le dernier y arrive.

Montaigne, *Essais.*

J'ai vécu sans nul pensement,
Me laissant aller doucement
A la bonne loi naturelle,
Et si m'étonne fort pourquoi
La mort daigna songer à moi,
Qui n'ai daigné penser en elle.

Mathurin Régnier, *Epitaphe.*

La mort nous égale tous ; c'est où nous attendons les gens heureux : elle rabat leur joie et leur orgueil, et console par là ceux qui ne sont pas fortunés.

Mme de Sévigné, *Lettres.*

Je trouve qu'il n'y a pas de ridicule à mourir dans la rue quand on ne le fait pas exprès.

Stendhal

Et vraiment, quand la mort viendra, que reste-t-il ?

Paul Verlaine

Le genre de mort, pas plus que le genre de vie, ne doivent être considérés comme punition ou récompense. La rémunération ne peut être de ce monde.

Alfred de Vigny

MORTS

Il y a plus de morts que de vivants et ce sont les morts qui dirigent les vivants.

Auguste Comte

Les morts, ce sont les cœurs qui t'aimaient autrefois.

Victor Hugo

Heureux ceux qui sont morts, car ils sont retournés
Dans la première argile et la première terre.
Heureux ceux qui sont morts dans une juste guerre.
Heureux les épis mûrs et les blés moissonnés...

Charles Péguy, *Eve.*

Il est bon d'apprendre à mourir
Par volonté, non d'un coup traître :
Souffre-t-on ? c'est qu'on veut souffrir;
Qui sait mourir n'a plus de maître.

Sully Prud'homme, *Poésies.*

MOT

Quel beau livre ne composerait-on pas en racontant la vie et les aventures d'un mot !

Honoré de Balzac, *Louis Lambert.*

Car le mot, c'est le Verbe, et le Verbe, c'est Dieu.

Victor Hugo, *Les Contemplations.*

Les mots ne doivent être que le vêtement, sur mesure rigoureuse, de la pensée.

Jules Renard, *Journal.*

L'enfant cherche ses mots, le vieillard ne les trouve pas.

Marie Valyère

MOUCHARD

On se met mouchard quand on ne peut être soldat.

Gustave Flaubert

MOUCHE

Une mouche ne doit pas tenir, dans la tête d'un naturaliste, plus de place qu'elle n'en tient dans la nature.

Buffon, *Histoire naturelle.*

MUFLERIE

Dire que j'ai gâché des années de ma vie, que j'ai voulu mourir, que j'ai eu mon plus grand amour, pour une femme qui ne me plaisait pas, qui n'était pas mon genre.

Marcel Proust, *A la recherche du temps perdu.*

MUSCADE

Aimez-vous la muscade ? on en a mis partout.

Nicolas Boileau, *Satires.*

MUSÉE

Je suis las des musées, cimetières des arts.

Alphonse de Lamartine, *Voyage en Orient.*

MUSIQUE

Le plus coûteux de tous les bruits.

Théophile Gautier

La musique, c'est du bruit qui pense.

Victor Hugo

La musique : quand on joue assez fort ou assez doucement, le public applaudit. Ce qu'il peut y avoir d'imbéciles en musique !

Jules Renard, *Journal.*

De la musique avant toute chose

Paul Verlaine, *Art poétique.*

MYSTÈRE

J'ai pénétré bien des mystères
Dont les humains sont ébahis :
Grimoires de tous les pays,
Etres et lois élémentaires.

Charles Cros, *Le Coffret de santal.*

N

NAISSANCE

On entre, on crie / Et c'est la vie !
On bâille, on sort / Et c'est la mort.

Ausone de Chancel

L'homme naît sans dents, sans cheveux et sans illusions, et il meurt de même, sans cheveux, sans dents et sans illusions.

Alexandre Dumas

Naître, c'est seulement commencer à mourir.

Théophile Gautier, *Poésies diverses.*

Lorsque l'enfant paraît, le cercle de famille
Applaudit à grands cris.

Victor Hugo, *Les Feuilles d'automne.*

Quel crime avons-nous fait pour mériter de naître ?

Alphonse de Lamartine, *Premières méditations poétiques.*

Il faut pleurer les hommes à leur naissance et non pas à leur mort.

Montesquieu, *Lettres persanes.*

NAPOLÉON Ier

Bonaparte n'est plus le vrai Bonaparte, c'est une figure légendaire composée des lubies du poète, des devis du soldat et des contes du peuple.

Chateaubriand, *Mémoires d'outre-tombe.*

Sa gloire a profité de son malheur.(...) Sa fortune inouïe a laissé à l'outrecuidance de chaque ambition l'espoir d'arriver où il était parvenu...

Chateaubriand, *Mémoires d'outre-tombe.*

NARRATION

Pour moi, j'aime les narrations où l'on ne dit que ce qui est nécessaire, où l'on ne s'écarte point ni à droite, ni à gauche, où l'on ne reprend point les choses de si loin.

Mme de Sévigné, *Lettres.*

NATALITÉ

Les gens, principalement ceux qui sont fortunés, aiment mieux n'avoir qu'un enfant et le faire riche.

Eugène Le Roy, *Jacquou le Croquant.*

NATION

Une nation n'a de caractère que lorsqu'elle est libre.

Mme de Staël

NATIONALISME

En nationalité, c'est tout comme en géologie, la chaleur est en bas ; aux couches inférieures, elle brûle.

Jules Michelet, *Le Peuple.*

NATURE

La nature est la source de tout ce qui existe ; son langage n'est point inintelligible et variable, comme celui des hommes et de leurs livres ; les hommes font des livres, mais la nature fait des choses. (...) Tout livre est l'art d'un homme, mais la nature est l'art de Dieu.

Bernardin de Saint-Pierre, *La Chaumière indienne.*

La nature se rit des souffrances humaines;
Ne contemplant jamais que sa propre grandeur,
Elle dispense à tous ses forces souveraines
Et garde pour sa part le calme et la splendeur.

Leconte de Lisle, *Poèmes antiques.*

La nature est éternellement jeune, belle et généreuse. Elle verse la poésie et la beauté à tous les êtres, à toutes les plantes, qu'on laisse s'y développer à souhait. Elle possède le secret du bonheur, et nul n'a su le lui ravir.

George Sand, *La Mare au diable.*

La nature est une œuvre d'art, mais Dieu est le seul artiste qui existe, et l'homme n'est qu'un arrangeur de mauvais goût.

George Sand, *François le Champi.*

Ne me laisse jamais seul avec la Nature,
Car je la connais trop pour n'en pas avoir peur.

Alfred de Vigny, *Les Destinées.*

NATUREL

Chassez le naturel, il revient au galop.

Destouches, *Le Glorieux.*

Je trouve ces gens du bas-peuple marseillais fort grossiers : c'est là l'inconvénient du *naturel.*

Stendhal, *Mémoires d'un touriste.*

NAVIRE

Le navire roulait sous un ciel sans nuages,
Comme un ange enivré de soleil radieux.

Charles Baudelaire, *Les Fleurs du mal.*

Les sifflets crus des navires qui passent
Hurlent la peur dans le brouillard :
Un fanal vert est leur regard
Vers l'océan et les espaces.

Emile Verhaeren, *Les Campagnes hallucinées.*

NAUFRAGE

Le ciel fut son désir, la mer sa sépulture...

Philippe Desportes, *Sonnets.*

NÉANT

Toi qui sur le néant en sais plus que les morts.

Stéphane Mallarmé, *Poésies.*

Nous naissons, nous vivons, bergère,
Nous mourons sans savoir comment ;
Chacun est parti du néant :
Où va-t-il ?... Dieu le sait, ma chère.

Voltaire

NÉCESSITÉ

Tout ce qui est nécessaire n'est jamais hasardeux.

Paul de Gondi, cardinal de Retz, *Mémoires.*

Ce qui est nécessaire n'est jamais ridicule.

Paul de Gondi, cardinal de Retz, *Mémoires.*

La nécessité nous délivre de l'embarras du choix.

Vauvenargues, *Réflexions et Maximes.*

NÉGRESSE

Je pense à la négresse, amaigrie et phtisique,
Piétinant dans la boue, et cherchant, l'œil hagard,
Les cocotiers absents de la superbe Afrique,
Derrière la muraille immense du brouillard.

Charles Baudelaire, *Les Fleurs du mal.*

NEIGE

Qu'il est doux, qu'il est doux d'écouter des histoires,
Des histoires du temps passé,
Quand les branches d'arbres sont noires,
Quand la neige est épaisse et charge un sol glacé;
Quand seul dans un ciel pâle un peuplier s'élance,
Quand sous le manteau blanc qui vient de le cacher
L'immobile corbeau sur l'arbre se balance,
Comme la girouette au bout du long clocher!

Alfred de Vigny

Mais où sont les neiges d'antan ?

François Villon

NETTETÉ

La netteté est le vernis des maîtres.

Vauvenargues, *Réflexions et Maximes.*

NEZ

Le nez de Cléopâtre : s'il eut été plus court, toute la face de la terre aurait changé.

Pascal, *Pensées.*

NOBLESSE

Les nobles sont comme les livres : il en est beaucoup qui ne brillent que par leurs titres.

Chauvot de Beauchêne, *Maximes.*

Si la noblesse est vertu, elle se perd par tout ce qui n'est pas vertueux; et si elle n'est pas vertu, c'est peu de chose.

Jean de La Bruyère, *Les Caractères.*

NOCE

Pour l'hymen aussitôt chacun prit ses mesures;
Le monarque en pria tous les rois d'alentour,
Qui, tous brillants de diverses parures,
Quittèrent leurs Etats pour être à ce grand jour.

Charles Perrault, *Peau d'Ane.*

NOIX

Les noix ont fort bon goût, mais il faut les ouvrir.
Souvenez-vous que, dans la vie,
Sans un peu de travail on n'a point de plaisir.

Florian, *Fables.*

NOM

En donnant le nom à un enfant, il faut penser à la femme qui aura un jour à le prononcer.

Barbey d'Aurevilly, *Les Diaboliques.*

De bien des gens, il n'y a que le nom qui vaille quelque chose. Quand vous les voyez de fort près, c'est moins que rien; de loin, ils imposent.

Jean de La Bruyère, *Les Caractères.*

J'ai fait illustre un nom qu'on m'a transmis sans gloire.
Qu'il soit ancien, qu'importe ? Il n'aura de mémoire
Que du jour seulement où mon front l'a porté.

Alfred de Vigny, *Les Destinées.*

C'est un poids bien pesant qu'un nom trop fameux.

Voltaire

NON

« Oui » et « non » sont les mots les plus courts et les plus faciles à prononcer et ceux qui demandent le plus d'examen.

Talleyrand

NOSTALGIE

Une larme, un chant triste, un seul mot dans un livre,
Nuage au ciel limpide où je me plais à vivre,
Me fait sentir au cœur la dent des vieux chagrins.

Sully Prud'homme, *Poésies.*

NOTABLE

L'autorité le ménage et l'opinion publique le protège.

Gustave Flaubert, *Madame Bovary.*

NOURRICE

On ne sait pas combien ces pauvres femmes sont exploitées et malmenées... Prises comme nourrices *sur lieu*, il faut qu'elles renvoient leur enfant, qui souvent en meurt. Elles n'ont aucun traité avec la famille qui les loue, et peuvent être renvoyées au premier caprice de la mère, de la garde, du médecin ; si le changement d'air et de vie leur tarit le lait, elles sont renvoyées sans indemnité.

Jules Michelet, *Le Peuple.*

NOURRITURE

Dis-moi ce que tu manges, je te dirai ce que tu es.

Brillat-Savarin, *Physiologie du goût.*

Les animaux se repaissent ; l'homme mange ; l'homme d'esprit seul sait manger.

Brillat-Savarin, *Physiologie du goût.*

Le dîner tue la moitié de Paris et le souper tue l'autre.

Montesquieu

NOVEMBRE

Le soleil froid donnait un ton rose au grésil,
Et le ciel de novembre avait des airs d'avril.

François Coppée

NOYADE

Le vent impétueux qui soufflait dans les voiles
L'enveloppe. Etonnée, et loin des matelots,
Elle crie, elle tombe, elle est au sein des flots.
Elle est au sein des flots, la jeune Tarentine.
Son beau corps a roulé sous la vague marine.

André Chénier, *La Jeune Tarentine.*

Une nuit d'août, là-bas, au large de la sombre Islande, au milieu d'un grand bruit de fureur, avaient été célébrées ses noces avec la mer. (...) Lui, se souvenant de sa femme de chair, s'était défendu, dans une lutte de géant, contre cette épousée de tombeau. Jusqu'au moment où il s'était abandonné, les bras ouverts pour la recevoir, avec un grand cri profond comme un taureau qui râle, la bouche déjà emplie d'eau ; les bras ouverts, étendus et raidis pour jamais.

Pierre Loti, *Pêcheur d'Islande.*

NUAGE

J'aime les nuages... les nuages qui passent... là-bas... là-bas... les merveilleux nuages.

Charles Baudelaire, *Les Fleurs du mal.*

Les nuages qui volent me donnent envie de fuir.

Chateaubriand, *Mémoires d'outre-tombe.*

NUDITÉ

Belle, sans ornements, dans le simple appareil
D'une beauté qu'on vient d'arracher au sommeil.

Jean Racine, *Britannicus.*

NUIT

Le sort d'un ménage dépend de la première nuit.

Honoré de Balzac, *Physiologie du mariage.*

Déjà la nuit en son parc amassait
Un grand troupeau d'étoiles vagabondes,
Et, pour entrer aux cavernes profondes,
Fuyant le jour, ses noirs chevaux chassait...

Joachim du Bellay, *L'Olive.*

Le Soleil moribond s'endormir sous une arche,
Et, comme un long linceul traînant à l'Orient,
Entends, ma chère, entends la douce Nuit qui marche.

Charles Baudelaire, *Les Fleurs du mal.*

Ma nuit à moi, ce cercueil.

Louis-Ferdinand Céline, *Voyage au bout de la nuit.*

Il fait noir, enfant, voleur d'étincelles !
Il n'est plus de nuits, il n'est plus de jours,
Dors... en attendant venir toutes celles
Qui disaient : Jamais ! Qui disaient : Toujours !

Tristan Corbière, *Les Amours jaunes.*

Quand je vois arriver la nuit, j'en ai les sueurs qui me prennent, comme l'âne de Capitou quand il voyait venir le bât.

Alphonse Daudet, *Lettres de mon moulin.*

L'ombre était nuptiale, auguste et solennelle ;
Les anges y volaient sans doute obscurément,
Car on voyait passer dans la nuit, par moment,
Quelque chose de bleu qui paraissait une aile.

Victor Hugo, *La Légende des siècles.*

Nuit blanche de glaçons et de neige cruelle.

Stéphane Mallarmé

C'était pendant l'horreur d'une profonde nuit.

Jean Racine, *Athalie.*

C'est la nuit qu'il est beau de croire à la lumière.

Edmond Rostand, *Chantecler.*

Les vivants sont muets, car sous ton aile immense,
Ils boivent le sommeil avec l'ombre du soir,
Lait sombre et merveilleux qu'aspirent en silence
Toutes lèvres à ton sein noir.

Sully Prud'homme, *Poésies.*

O

OASIS

N'es-tu pas l'oasis où je rêve, et la gourde
Où je hume à longs traits le vin du souvenir ?

Charles Baudelaire, *Les Fleurs du mal.*

OBÉISSANCE

Celui qui obéit est presque toujours meilleur que celui qui commande.

Ernest Renan, *Dialogues et fragments philosophiques.*

OBJETS

Objets inanimés, avez-vous donc une âme
Qui s'attache à notre âme et la force d'aimer ?...

Alphonse de Lamartine, *Les Méditations.*

OBSÈQUES

Pour obsèques reçois mes larmes et mes pleurs,
Ce vase plein de lait, ce panier plein de fleurs,
Afin que vif et mort ton corps ne soit que roses.

Pierre de Ronsard, *Les Amours de Marie.*

OCÉAN

Et dehors, blanc d'écume,
Au ciel, aux vents, aux rocs, à la nuit, à la brume,
Le sinistre océan jette son noir sanglot.

Victor Hugo, *La Légende des siècles.*

Vieil océan, ô grand célibataire.

Lautréamont, *Les Chants de Maldoror.*

Vieil océan, aux vagues de cristal (...) tu rappelles au souvenir de tes amants, sans qu'on s'en rende toujours compte, les rudes commencements de l'homme, où il fait connaissance avec la douleur, qui ne le quitte plus.

Lautréamont, *Les Chants de Maldoror.*

Mais patience ! La rancune
Est l'âme du vieil Océan ;
Depuis bien des retours de lune
Le déluge prend son élan.

Sully Prud'homme, *Poésies.*

ŒIL (voir YEUX)

Moi, je buvais, crispé comme un extravagant,
Dans son œil, ciel livide où germe l'ouragan,
La douceur qui fascine et le plaisir qui tue.

Charles Baudelaire, *Les Fleurs du mal.*

L'œil... Tout l'univers est en lui, puisqu'il voit, puisqu'il reflète. Il contient l'univers, les choses et les êtres, les forêts et les océans, les hommes et les bêtes, les couchers de soleil, les étoiles, les arts, tout, tout, il voit, cueille et emporte tout ; et il y a plus encore en lui, il y a l'âme, il y a l'homme qui pense, l'homme qui aime, l'homme qui rit, l'homme qui souffre !

Guy de Maupassant, *Le Horla.*

OFFENSIVE

C'est un grand avantage dans les affaires de la vie que de savoir prendre l'offensive : l'homme attaqué transige toujours.

Benjamin Constant

OISEAUX

Est-ce que les oiseaux se cachent pour mourir ?

François Coppée

Pigeons, qui vous baisez d'un baiser savoureux,
Tourtres qui lamentez d'un éternel veuvage,
Rossignols ramagers qui d'un plaisant langage
Nuit et jour rechantez vos versets amoureux.

Pierre de Ronsard

OISIVETÉ

Le pénible fardeau de n'avoir rien à faire.

Nicolas Boileau, *Epîtres.*

Sauter, danser, faire les tours
Et boire vin blanc et vermeil,
Et ne rien faire tous les jours
Que compter écus au soleil.

François Rabelais, *Pantagruel.*

C'est un terrible avantage que de n'avoir rien fait, mais il ne faut pas en abuser.

Rivarol

OLORIMES

Dans ces meubles laqués, rideaux et dais moroses
Où, dure, Eve d'efforts sa langue irrite (erreur !)
Ou du rêve des forts alanguis rit (terreur !)
Danse, aime, bleu laquais, ris d'oser des mots roses.

Charles Cros

OMBRE

O mon ombre en deuil de moi-même.

Guillaume Apollinaire

Les roses naissent sur ta face
Quand tu ris près du feu...
Ce soir tu me diras adieu,
Ombre, que l'ombre efface.

Paul-Jean Toulet, *Les Contrerimes.*

ONDE

Sur l'onde calme et noire où dorment les étoiles
La blanche Ophélia flotte comme un grand lys,
Flotte très lentement, couchée en ses longs voiles...

Arthur Rimbaud, *Poésies.*

ONGLES

Il ne faut pas manger tes ongles parce qu'ils sont à toi. Si tu aimes les ongles, mange ceux des autres.

Georges Darien, *Le Voleur.*

OPINION

L'opinion est la reine du monde parce que la sottise est la reine des sots.

Chamfort, *Maximes et Pensées.*

C'est mon opinion, et je la partage.

Henri Monnier, *Mémoires de M. Joseph Prudhomme.*

Un homme doit savoir braver l'opinion ; une femme s'y soumettre.

Mme de Staël

Il faudrait considérer ses opinions comme des costumes, et en changer selon la saison, l'heure et le milieu.

Paul-Jean Toulet

L'opinion est si bien la reine du monde que quand la raison veut la combattre, la raison est condamnée à mort.

Voltaire

OPPORTUNISME

Il change à tous moments d'esprit comme de mode ;
Il tourne au moindre vent, il tombe au moindre choc :
Aujourd'hui dans un casque et demain dans un froc.

Nicolas Boileau, *Satires.*

Les gens faibles ne plient jamais quand ils doivent.

Paul de Gondi, cardinal de Retz, *Mémoires.*

Le sage dit, selon les gens :
Vive le roi, vive la ligue !

Jean de La Fontaine, *La Chauve-souris et les deux Belettes.*

Je sais, quand il le faut, quitter la peau du lion pour prendre celle du renard.

Napoléon Ier

OPTIMISME

Défiez-vous de votre optimisme, et figurez-vous bien que

nous sommes dans ce monde pour nous battre envers et contre tous.

Prosper Mérimée

Tout est bien, tout va bien, tout va le mieux qu'il soit possible.

Voltaire, *Candide.*

OR

L'or, même en sa laideur, donne un teint de beauté.

Nicolas Boileau, *Satires.*

Que devant l'or tout s'abaisse et tout tremble !
Tout est soumis, tout cède à ce métal !
Un homme eût-il tous les défauts ensemble,
Fût-il tortu, vieux, difforme et brutal,
Dès qu'il est riche
Il vous déniche,
Et vous fait faire et le bien et le mal.

Piron, *La Rose.*

ORAGE

Levez-vous vite, orages désirés, qui devez emporter René dans les espaces d'une autre vie !

Chateaubriand, *René.*

La nue se déchire, et l'éclair trace un rapide losange de feu. Un vent impétueux, sorti du couchant, roule les nuages sur les nuages ; les forêts plient ; le ciel s'ouvre coup sur coup ; et, à travers ces crevasses, on aperçoit de nouveaux cieux et des campagnes ardentes.

Chateaubriand, *Atala.*

ORATEUR

Ce qui manque aux orateurs en profondeur, ils vous le donnent en longueur.

Montesquieu, *Mes pensées.*

ORDRE

L'Amour pour principe, l'Ordre pour base, et le Progrès pour but.

Auguste Comte, *Système de politique positive.*

La plus haute perfection de la société se trouve dans l'union de l'ordre et de l'anarchie.

Pierre-Joseph Proudhon, *Qu'est-ce que la propriété ?*

Celui qui obéit est presque toujours meilleur que celui qui commande.

Ernest Renan

OREILLE

L'oreille est le chemin du cœur.

Voltaire

ORGIE

Les parfums de la chair et des cheveux flottants
S'éparpillent dans l'air brûlant, et comme au temps
De Caprée, où Tibère épouvantait les nues,
Entrelaçant leurs corps impudiques et beaux,
Sur les rouges tapis cinquante femmes nues
Dansent effrontément, aux clartés des flambeaux.

Théodore de Banville, *Les Princesses.*

ORGUEIL

Le comble de l'orgueil, c'est de se mépriser soi-même.

Gustave Flaubert

Orgueil ! ton goût d'absinthe remonte donc dans toutes les bouches et tous les cœurs te ruminent !

Gustave Flaubert, *Par les champs et par les grèves.*

Lorsque l'orgueil va devant, honte et dommage le suivent.

Louis XI

Duc je ne daigne,
Roi je ne puis,
Prince de Bretaigne
De Rohan je suis.

Devise des **Rohan**

L'estime de soi-même est le plus grand mobile des âmes fières.

Jean-Jacques Rousseau, *Les Rêveries d'un promeneur solitaire.*

L'orgueil est le consolateur des faibles.

Vauvenargues, *Réflexions et Maximes.*

Voix de l'orgueil : un cri puissant, comme d'un cor,
Des étoiles de sang sur des cuirasses d'or.

Paul Verlaine, *Sagesse.*

ORIGINALITÉ

L'écrivain original n'est pas celui qui n'imite personne, mais celui que personne ne peut imiter.

Chateaubriand, *Génie du christianisme.*

ORIGINE

De quelque superbe distinction que se flattent les hommes, ils ont tous une même origine, et cette origine est petite.

Bossuet, *Oraison funèbre de la duchesse d'Orléans.*

ORPHELIN

Tout le monde ne peut pas être orphelin.

Jules Renard, *Poil de Carotte.*

OUBLI

Oublier est le grand secret des existences fortes et créatrices.

Honoré de Balzac, *César Birotteau.*

Chaque élément retourne où tout doit redescendre.
L'air reprend la fumée, et la terre la cendre.
L'oubli reprend son nom.

Victor Hugo

(...) La terre s'ouvre, un peu de chair y tombe ;
Et l'herbe de l'oubli, cachant bientôt la tombe,
Sur tant de vanité croît éternellement.

Leconte de Lisle, *Poèmes barbares.*

A défaut du pardon, laisse venir l'oubli.

Alfred de Musset, *Poésies.*

OUI

« Oui » et « non » sont les mots les plus courts et les plus faciles à prononcer et ceux qui demandent le plus d'examen.

Talleyrand

— Ah ! les premières fleurs, qu'elles sont parfumées !
Et qu'il bruit avec un murmure charmant
Le premier *oui* qui sort de lèvres bien-aimées !

Paul Verlaine

P

PAIX

Paix est trésor qu'on ne peut trop louer.
Je hais guerre, point ne la dois priser.

Charles d'Orléans

Paix des pâtis semés d'animaux, paix des rides
Que l'alchimie imprime aux grands fronts studieux.

Arthur Rimbaud, *Poésies.*

PÂLEUR

Pour veiner de son front la pâleur délicate,
Le Japon a donné son plus limpide azur;
La blanche porcelaine est d'un blanc bien moins pur
Que son col transparent et ses tempes d'agate.

Théophile Gautier, *Emaux et Camées.*

PANACHE

Ralliez-vous à mon panache blanc!

Henri IV, *avant la bataille d'Ivry, le 14/3/1590.*

Si j'avance, suivez-moi; si je meurs, vengez-moi; si je recule, tuez-moi.

Henri de La Rochejaquelein

PANTALONS

Les pantalons en percale, en toile, en piqué, les larges pantalons où danseraient les reins d'un homme.

Emile Zola, *Au Bonheur des Dames.*

PAPE

Le pape est une idole à qui on lie les mains et dont on baise les pieds.

Voltaire, *Le Sottisier.*

PARADIS

Là, tout n'est qu'ordre et beauté,
Luxe, calme et volupté.

Charles Baudelaire, *Les Fleurs du mal.*

Mais le vert paradis des amours enfantines,
Les courses, les chansons, les baisers, les bouquets,
Les violons vibrant derrière les collines,
Avec les brocs de vin, le soir, dans les bosquets,
— Mais le vert paradis des amours enfantines,
L'innocent paradis plein de plaisirs furtifs,
Est-il déjà plus loin que l'Inde et que la Chine ?

Charles Baudelaire, *Les Fleurs du mal.*

Les vrais paradis sont les paradis qu'on a perdus.

Marcel Proust, *A la recherche du temps perdu.*

Le paradis terrestre est où je suis.

Voltaire, *Satires.*

PARDON

Dans le pardon d'une femme, il y a de la vertu ; mais dans celui de l'homme, il y a du vice.

Alfred Capus

L'âme supérieure n'est pas celle qui pardonne, c'est celle qui n'a pas besoin de pardon.

Chateaubriand, *Mémoires d'outre-tombe.*

Le pardon, vous savez ce que c'est ? C'est l'indifférence pour ce qui ne touche pas.

Alexandre Dumas fils

Les hommes seuls ont la force de ne pas pardonner.

Alexandre Dumas fils, *La Dame aux camélias.*

Je pardonne aisément par la raison que je ne sais pas haïr.
Il me semble que la haine est douloureuse.

Montesquieu

Comprendre, c'est pardonner.

Mme de Staël

PARFUM

Pour tous ceux qui ont le flair de la femme, et qui en respirent la vraie odeur à travers tous les voiles blancs et parfumés de vertu dans lesquels elle s'entortille, la Rosalba fut reconnue tout de suite pour la plus corrompue des femmes corrompues, — dans le mal, une perfection !

Barbey d'Aurevilly, *Les Diaboliques.*

Pendant que le parfum des verts tamariniers,
Qui circule dans l'air et m'enfle la narine,
Se mêle dans mon âme au chant des mariniers.

Charles Baudelaire, *Les Fleurs du mal.*

Du haut en bas, avec grand soin,
Sa peau délicate est frottée
D'huile odorante et de benjoin.

Charles Baudelaire, *Les Fleurs du mal.*

Il est des parfums frais comme des chairs d'enfants,
Doux comme des hautbois, verts comme les prairies,
— Et d'autres, corrompus, riches et triomphants,
Ayant l'expansion des choses infinies,
Comme l'ambre, le musc, le benjoin et l'encens,
Qui chantent les transports de l'esprit et des sens.

Charles Baudelaire, *Les Fleurs du mal.*

Et l'on songerait, parmi ces parfums
De bras, d'éventails, de fleurs, de peignoirs,
De fins cheveux blonds, de lourds cheveux noirs,
Aux pays lointains, aux siècles défunts.

Charles Cros, *Le Coffret de santal.*

J'ai voulu ce matin te rapporter des roses;
Mais j'en avais tant pris dans mes ceintures closes
Que les nœuds trop serrés n'ont pu les contenir.
(...)
Ce soir, ma robe encore en est toute embaumée...
Respires-en sur moi l'odorant souvenir.

Marceline Desbordes-Valmore, *Les Roses de Saadi.*

Un frais parfum sortait des touffes d'asphodèles
Les souffles de la nuit flottaient sur Galgata.

Victor Hugo, *La Légende des siècles.*

Un parfum pénétrant comme un aveu d'amour.

Sully Prud'homme, *Poésies.*

« Mon lit est parfumé d'aloès et de myrrhe;
L'odorant cinnamome et la nard de Palmyre
Ont chez moi de l'Egypte embaumé les tapis.

Alfred de Vigny, *La Femme adultère.*

PARI

Un bon Anglais ne plaisante jamais, quand il s'agit d'une chose aussi sérieuse qu'un pari, répondit Philéas Fogg. Je parie vingt mille livres contre qui voudra que je ferai le tour de la terre en quatre-vingts jours au moins, soit dix-neuf cent vingt heures ou cent quinze mille deux cents minutes. Acceptez-vous ?

Jules Verne, *Le Tour du monde en 80 jours.*

PARLER

Le parler que j'aime, c'est un parler simple et naïf, tel sur le papier qu'à la bouche, un parler succulent et nerveux, court et serré, non tant délicat et peigné comme véhément et brusque.

Montaigne, *Essais.*

PARLEURS (BEAUX)

Les gens qui ont peu d'affaires sont de très grands parleurs : moins on pense, plus on parle.

Montesquieu

PAROLE

Il est bon de parler, et meilleur de se taire;
Mais tous deux sont mauvais alors qu'ils sont outrés.

Jean de La Fontaine, *L'Ours et l'Amateur des jardins.*

La parole nous a été donnée pour déguiser notre pensée.

Talleyrand

PARTI

Ceux qui sont à la tête des grandes affaires ne trouvent pas moins d'embarras dans leur propre parti, que dans celui de leurs ennemis.

Paul de Gondi, cardinal de Retz, *Mémoires.*

PASSE

Je sais l'art d'évoquer les minutes heureuses,
Et revis mon passé blotti dans tes genoux.

Charles Baudelaire, *Les Fleurs du mal.*

Il faut laisser le passé dans l'oubli et l'avenir à la Providence.

Bossuet

PASSION

Les passions des jeunes gens sont des vices dans la vieillesse.

Joseph Joubert, *Pensées.*

Il arrive quelquefois qu'une femme cache à un homme toute la passion qu'elle sent pour lui, pendant que de son côté il feint pour elle toute celle qu'il ne sent pas.

Jean de La Bruyère, *Les Caractères.*

Décrire les passions n'est rien ; il suffit de naître un peu chacal, un peu vautour, un peu panthère.

Lautréamont, *Poésies.*

Ce n'est plus une ardeur dans mes veines cachée :
C'est Vénus toute entière à sa proie attachée.

Jean Racine, *Phèdre.*

Dans les premières passions les femmes aiment l'amant, et dans les autres elles aiment l'amour.

La Rochefoucauld, *Maximes.*

Les passions sont les seuls orateurs qui persuadent toujours.

La Rochefoucauld, *Maximes.*

Il est difficile de vaincre ses passions, et impossible de les satisfaire.

Mme de la Sablière

Cœurs qui brûlent ! Cheveux en désordre épandus !
Beaux seins lourds de désirs, pétris par des mains pâles !
Grands appels suppliants, et jamais entendus !

Albert Samain, *Le Chariot d'or.*

PATAPHYSIQUE

La pataphysique est la science des solutions imaginaires, qui accorde symboliquement aux linéaments les propriétés des objets décrits par leur virtualité.

Alfred Jarry

PATIENCE

La patience est le courage de la vertu.

Bernardin de Saint-Pierre, *Paul et Virginie.*

Patience et longueur de temps
Font plus que force ni que rage.

Jean de La Fontaine, *Le Lion et le Rat.*

La patience est l'art d'espérer.

Vauvenargues, *Réflexions et Maximes.*

PATRIE

On croit mourir pour la patrie; on meurt pour des industriels.

Anatole France

C'est lorsque nous sommes éloignés de notre pays que nous sentons surtout l'instinct qui nous y attache.

Chateaubriand, *Le Génie du christianisme.*

La patrie d'un cochon se trouve partout où il y a un gland.

Fénelon

Ceux qui pieusement sont morts pour la patrie
Ont droit qu'à leur cercueil la foule vienne et prie.

Victor Hugo, *Les Chants du crépuscule.*

Ma patrie est partout où rayonne la France
Où son génie éclate aux regards éblouis!

Alphonse de Lamartine, *La Marseillaise de la Paix.*

J'ai naturellement eu de l'amour pour le bien et l'honneur de ma patrie, et peu pour ce qu'on en appelle la gloire.

Montesquieu

La première des vertus est le dévouement à la patrie.

Napoléon Ier

Périsse la patrie, et que l'humanité soit sauvée.

Proudhon

Une patrie se compose de morts qui l'ont fondée aussi bien que des vivants qui la continuent.

Ernest Renan

Allons enfants de la Patrie
Le jour de gloire est arrivé...

Rouget de Lisle, *La Marseillaise.*

PAUVRE

Il n'y a que les pauvres de généreux.

Honoré de Balzac

Qui donne au pauvre prête à Dieu.

Victor Hugo, *Les Voix intérieures.*

Le cri du pauvre monte jusqu'à Dieu mais il n'arrive pas à l'oreille de l'homme.

Lamennais

PAUVRETÉ

En grande pauvreté ne gît pas grande loyauté.

François Villon

Pauvre je suis de ma jeunesse,
De pauvre et de petite extrace.
Mon père n'eut oncq grand richesse,
Ni son aïeul, nommé Horace.
Pauvreté tous nous suit et trace;
Sur les tombeaux de mes ancêtres,
Les âmes desquels Dieu embrasse!
On n'y voit couronnes ni sceptres.

François Villon, *Le Testament.*

PAUVRESSE

Les pauvresses, traînant leurs seins maigres et froids,
Soufflaient sur leurs tisons et soufflaient sur leurs doigts.

Charles Baudelaire, *Les Fleurs du mal.*

PAYS NATAL

Quand reverrai-je, hélas, de mon petit village
Fumer la cheminée, et en quelle saison
Reverrai-je le clos de ma pauvre maison,
Qui m'est une province et beaucoup davantage ?

Joachim du Bellay, *Les Regrets.*

PAYSAGE

Les paysages étaient comme un archet qui jouait sur mon âme.

Stendhal, *Vie de Henry Brulard.*

PAYSAN

Vos seins sentent la faim et vos fronts la sueur.

Agrippa d'Aubigné, *Les Tragiques.*

J'aime les paysans, ils ne sont pas assez savants pour raisonner de travers.

Montesquieu, *Mes pensées.*

PEAU (DE CHAGRIN)

Si tu me possèdes, tu posséderas tout. Mais ta vie m'appartiendra, Dieu l'a voulu ainsi. Désire, et tes désirs seront accomplis. Mais règle tes souhaits sur ta vie. Elle est là. A chaque vouloir je décroîtrai comme tes jours. Me veux-tu ?

Honoré de Balzac, *La Peau de chagrin.*

PÉCHÉ

Qui a péché sans fin souffre sans fin aussi.

Agrippa d'Aubigné

PÉDÉRASTE

O pédérastes incompréhensibles, ce n'est pas moi qui lancerai des injures à votre grande dégradation ; ce n'est pas moi qui viendrai jeter le mépris sur votre anus infundibuliforme. Il suffit que les maladies honteuses, et presque incurables, qui vous assiègent, portent avec elles leur immanquable châtiment.

Lautréamont, *Les Chants de Maldoror.*

PEINTURE

La peinture lâche est la peinture d'un lâche.

Eugène Delacroix

L'exécution, dans la peinture, doit toujours tenir de l'improvisation.

Eugène Delacroix

PENDU

Sur ses larges bras étendus,
La forêt où s'éveille Flore
A des chapelets de pendus
Que le matin caresse et dore.

Théodore de Banville

La pluie nous a débués et lavés
Et le soleil desséchés et noircis;
Pies, corbeaux nous ont les yeux cavés
Et arraché la barbe et les sourcils.

François Villon, *La Ballade des pendus.*

PENSÉE

L'homme digne d'être écouté est celui qui ne se sert de la parole que pour la pensée, et de la pensée que pour dire la vérité et la vertu.

Fénelon

La pensée n'est qu'un éclair dans la nuit. Mais c'est cet éclair qui est tout.

Henri Poincaré

Penser ne suffit pas : il faut penser à quelque chose.

Jules Renard, *Journal.*

PENSÉES

Et leurs pensées
Se croisent dans la nuit, divins oiseaux du cœur.

Victor Hugo, *La Légende des siècles.*

Les grandes pensées viennent du cœur.

Vauvenargues, *Réflexions et Maximes.*

PÈRE

A qui venge son père, il n'est rien d'impossible.

Pierre Corneille, *Le Cid.*

Que de maux et de pleurs nous coûteront nos pères !

Pierre Corneille, *Le Cid.*

PÉRIL

Plus le péril est grand, plus doux en est le fruit.

Pierre Corneille, *Cinna.*

PERLE

Et les perles en dents se moulent
Pour l'écrin des rires charmants.

Théophile Gautier, *Emaux et Camées.*

PERSÉVÉRANCE

Vingt fois sur le métier remettez votre ouvrage ;
Polissez-le sans cesse et le repolissez.

Boileau, *Art poétique.*

PESSIMISME

Tous les espoirs sont permis à l'homme, même celui de disparaître.

Jean Rostand

PETITESSE

Celui qui veut être heureux se réduit et se resserre autant qu'il est possible. Il a ces deux caractères : il change peu de place et en tient peu.

Fontenelle

PEUPLE

Démocrate par nature, aristocrate par mœurs, je ferais très volontiers l'abandon de ma fortune et de ma vie au peuple, pourvu que j'eusse peu de rapport avec la foule.

Chateaubriand, *Mémoires d'outre-tombe.*

Le peuple est un éternel mineur.

Gustave Flaubert, *Correspondance.*

Le peuple n'aime ni le vrai ni le simple : il aime le roman et le charlatan.

Edmond et Jules de Goncourt, *Journal.*

Le peuple ? Un âne qui se cabre !

Victor Hugo, *Les Châtiments.*

Quant à flatter la foule, ô mon esprit non pas !
Ah ! le peuple est en haut, mais la foule est en bas.

Victor Hugo, *L'Année terrible.*

Le peuple est un troupeau imbécile, tantôt stupidement patient et tantôt férocement révolté. On lui dit « Amuse-toi. » Il s'amuse. On lui dit « Va te battre avec le voisin. » Il va se battre. On lui dit « Vote pour l'empereur. » Il vote pour l'empereur. Puis, on lui dit « Vote pour la République. » Et il vote pour la République.

Guy de Maupassant

La bourgeoisie sans le peuple, c'est la tête sans les bras. Le peuple sans la bourgeoisie, c'est la force sans la lumière.

Edgar Quinet

Il est à propos que le peuple soit guidé et non pas qu'il soit instruit.

Voltaire

PEUR

La peur n'applique jamais un remède à propos.

Paul de Gondi, cardinal de Retz, *Mémoires.*

Il est bien plus naturel à la peur de consulter que de décider.

Paul de Gondi, cardinal de Retz, *Mémoires.*

La peur est la plus terrible des passions parce qu'elle fait ses premiers effets contre la raison ; elle paralyse le cœur et l'esprit.

Rivarol

PHILOSOPHE

Le vrai philosophe (...) n'attend rien des hommes, et il leur fait tout le bien dont il est capable.

Voltaire, *Correspondance.*

PHILOSOPHIE

Toute la philosophie est comme un arbre, dont les racines sont la métaphysique ; le tronc est la physique, et les branches qui sortent de ce tronc sont toutes les autres sciences, qui se réduisent à trois principales, à savoir la médecine, la mécanique et la morale ; j'entends la plus haute et la plus parfaite morale, qui présupposant une entière connaissance des autres sciences est le dernier degré de la sagesse.

Descartes

Toute la philosophie n'est fondée que sur deux choses : sur ce qu'on a l'esprit curieux et les yeux mauvais.

Fontenelle

Philosopher, c'est apprendre à mourir.

Montaigne, *Essais.*

C'est une chose extraordinaire que toute la philosophie consiste dans ces trois mots : « Je m'en fous. »

Montesquieu, *Mes pensées.*

Se moquer de la philosophie, c'est vraiment philosopher.

Pascal, *Pensées.*

PIED

Je remarque que les femmes sont généralement jolies à Marseille ; elles ont le pied charmant, et trop d'embonpoint ne vient jamais nuire à la grâce de leur personne.

Stendhal, *Mémoires d'un touriste.*

PIÉDESTAL

Les grands hommes font leur propre piédestal ; l'avenir se charge de la statue.

Victor Hugo

PIÉTÉ

La piété est le tout de l'homme.

Bossuet, *Oraison funèbre du prince de Condé.*

PITIÉ

Le sentiment que l'homme supporte le plus difficilement est la pitié, surtout quand il la mérite. La haine est un tonique, elle fait vivre, elle inspire la vengeance ; mais la pitié tue, elle affaiblit encore notre faiblesse.

Honoré de Balzac, *La Peau de chagrin.*

Mais quand un scélérat marche à l'échafaud, la pitié compte alors les souffrances, et non les crimes du coupable.

Chateaubriand, *Essai sur les révolutions.*

PLAINTE

Je plains le temps de ma jeunesse,
Auquel j'ai plus qu'autre gallé
Jusqu'à l'entrée de vieillesse
Qui son partement m'a celé.
Il ne s'en est à pied allé
N'a cheval : hélas ! comment donc ?
Soudainement s'en est vollé
Et ne m'a laissé quelque don.

François Villon

PLAIRE

Quand on veut plaire dans le monde, il faut se résoudre à apprendre beaucoup de choses qu'on sait par des gens qui les ignorent.

Chamfort, *Maximes et Pensées.*

Ou vous avez un rival, ou vous n'en avez pas. Si vous en avez un, il faut plaire pour lui être préféré; si vous n'en avez pas, il faut encore plaire pour éviter d'en avoir.

Choderlos de Laclos

Le désir de plaire naît chez les femmes avant le besoin d'aimer.

Ninon de Lenclos

Si vous voulez plaire aux femmes, dites-leur ce que vous ne voudriez pas qu'on dît à la vôtre.

Jules Renard, *Journal.*

L'art de plaire est l'art de tromper.

Vauvenargues, *Réflexions et Maximes.*

PLAISIR

Le plaisir est le bonheur des fous. Le bonheur est le plaisir des sages.

Barbey d'Aurevilly

Tout de toi m'est plaisir morbide ou pétulant.

Charles Baudelaire, *Les Fleurs du mal.*

Nos plaisirs les plus doux ne vont pas sans tristesse.

Pierre Corneille

Le plaisir le plus délicat est de faire celui d'autrui.

Jean de La Bruyère, *Les Caractères.*

Les plaisirs de l'amour sont, selon moi, les seuls vrais plaisirs de la vie corporelle.

Montaigne, *Essais.*

L'homme est né pour le plaisir : il le sent, il n'en faut point d'autre preuve. Il suit donc sa raison en se donnant au plaisir.

Pascal

On est impuissant à trouver du plaisir quand on se contente de le chercher.

Marcel Proust, *A la recherche du temps perdu.*

PLEURS

Pleurez, doux Alcyons ! ô vous, oiseaux sacrés,
Oiseaux chers à Thétys, doux Alcyons, pleurez !
Elle a vécu, Myrto, la jeune Tarentine !

André Chénier, *La Jeune Tarentine.*

Je cherche le silence et la nuit pour pleurer.

Pierre Corneille, *Le Cid.*

Les moissons pour mûrir ont besoin de rosée ;
Pour vivre et pour sentir l'homme a besoin des pleurs ;
La joie a pour symbole une plante brisée,
Humide encor de pluie et couverte de fleurs.

Alfred de Musset, *La Nuit d'octobre.*

Dieu parle, il faut qu'on lui réponde.
Le seul bien qui me reste au monde
Est d'avoir quelquefois pleuré.

Alfred de Musset, *Tristesse.*

Te voilà donc redevenu homme, puisque tu pleures.

Jules Verne, *L'Ile mystérieuse.*

PLUIE

Pleureuses en troupeau passeront les rafales...

Tristan Corbière, *Les Amours jaunes.*

L'abcès perce !
Vl'à l'averse !
O grabuges
Des déluges !...

Jules Laforgue

L'averse, toute la nuit, avait sonné contre les carreaux et les toits. Le ciel bas et chargé d'eau semblait crevé, se vidant sur la terre, la délayant en bouillie, la fondant comme du sucre. Des rafales passaient pleines d'une chaleur lourde. Le ronflement des ruisseaux débordés emplissait les rues désertes où les maisons, comme des éponges, buvaient l'humidité qui pénétrait au-dedans et faisait suer les murs de la cave au grenier.

Guy de Maupassant, *Une Vie.*

Tout l'horizon n'est qu'un blême rideau ;
La vitre tinte et ruisselle de gouttes ;
Sur le pavé sonore et bleu des routes
Il saute et luit des étincelles d'eau.

Sully Prud'homme, *Poésies.*

Il pleure dans mon cœur
Comme il pleut sur la ville,
Quelle est cette langueur
Qui pénètre mon cœur ?

O bruit doux de la pluie
Par terre et sur les toits !
Pour un cœur qui s'ennuie
O le chant de la pluie !

Paul Verlaine, *Romances sans paroles.*

POE

Depuis Pascal peut-être, il n'y eut jamais de génie plus épouvanté, plus livré à l'effroi et à ses mortelles agonies que le génie panique d'Edgar Poe.

Barbey d'Aurevilly

POÊLE

Le mot naïf et étonné de la Borghèse, quand on lui demanda comment elle avait bien pu poser nue devant Canova : « Mais l'atelier était chaud ! il y avait un poêle ! »

Barbey d'Aurevilly, *Les Diaboliques.*

POÉSIE

Si les vers ont été l'abus de ma jeunesse,
Les vers seront aussi l'appui de ma vieillesse :
S'ils furent ma folie, ils seront ma raison.

Joachim du Bellay, *Les Regrets.*

Les dieux eux-mêmes meurent
Mais les vers souverains
Demeurent
Plus forts que les airains.

Théophile Gautier, *Emaux et Camées.*

Car la poésie est l'étoile
Qui mène à Dieu rois et pasteurs.

Victor Hugo, *Les Rayons et les Ombres.*

Un poème est un mystère dont le lecteur doit chercher la clef.

Stéphane Mallarmé

Nommer un objet, c'est supprimer les trois quarts de la jouissance du poème qui est faite du bonheur de deviner peu à peu : le suggérer, voilà le rêve.

Stéphane Mallarmé

Que ton vers soit la bonne aventure
Eparse au vent crispé du matin
Qui va fleurent la menthe et le thym...
Et tout le reste est littérature.

Paul Verlaine, *Jadis et naguère.*

Poésie ! ô trésor ! perle de la pensée !
Les tumultes du cœur, comme ceux de la mer,
Ne sauraient empêcher ta robe nuancée
D'amasser les couleurs qui doivent te former.

Alfred de Vigny, *Les Destinées.*

POÈTE

Le Poète est semblable au prince des nuées
Qui hante la tempête et se rit de l'archer ;
Exilé sur le sol au milieu des huées,
Ses ailes de géant l'empêchent de marcher.

Charles Baudelaire, *Les Fleurs du mal.*

Il suffit de penser pour être homme d'esprit ; mais il faut imaginer pour être poète.

Cardinal de Bernis

L'art ne fait que des vers, le cœur seul est poète.

André Chénier

Les poètes nous aident à aimer.

Anatole France, *Le Jardin d'Epicure.*

Mais de tous ces accents dont le bord vous salue,
Aucun n'est aussi doux sur la terre ou les mers
Que le son caressant d'une voix inconnue,
Qui récite au poète un refrain de ses vers.

Alphonse de Lamartine

POÉTIQUE

Sur des pensers nouveaux faisons des vers antiques.

André Chénier

POIREAU

Le poireau, c'est l'asperge du pauvre.

Anatole France, *Crainquebille.*

POITRINE

On est plus près du cœur quand la poitrine est plate.

Louis Bouilhet, *Poésies.*

Une femme sans poitrine, c'est un lit sans oreillers.

Anatole France, *La Rôtisserie de la reine Pédauque.*

POLICE

L'art de la police est de ne pas voir ce qu'il est inutile qu'elle voie.

Napoléon Ier

POLITESSE

La politesse n'inspire pas toujours la bonté, l'équité, la complaisance, la gratitude ; elle en donne du moins les apparences, et fait paraître l'homme au dehors comme il devrait être intérieurement.

Jean de La Bruyère, *Les Caractères.*

POLITIQUE

La politique est la science de la liberté.

Proudhon

POPULARITÉ

Les princes dans tous les conseils doivent avoir pour première vue d'examiner ce qui peut leur donner ou leur ôter l'applaudissement du public.

Louis XIV, *Instructions au dauphin.*

PORT

Je vois un port rempli de voiles et de mâts
Encor tout fatigués par la vague marine.

Charles Baudelaire, *Les Fleurs du mal.*

PORTE

O Seigneur ! ouvrez-moi les portes de la nuit,
Afin que je m'en aille et que je disparaisse !

Victor Hugo

Il faut qu'une porte soit ouverte ou fermée.

Alfred de Musset

POSITIVISME

L'Amour pour principe, l'Ordre pour base, et le Progrès pour but.

Auguste Comte

POSSESSION

Le désir fleurit, la possession flétrit toutes choses.

Marcel Proust, *Les Plaisirs et les Jours.*

POULE

Je veux que chaque laboureur de mon royaume puisse mettre la poule au pot le dimanche.

Henri IV

POURRITURE

Au détour d'un sentier une charogne infâme
Sur un lit semé de cailloux,
Les jambes en l'air, comme une femme lubrique,
Brûlante et suant les poisons,
Ouvrait d'une façon nonchalante et cynique
Son ventre plein d'exhalaisons.

Charles Baudelaire, *Les Fleurs du mal.*

Nana restait seule, la face en l'air, dans la clarté de la bougie. C'était un charnier, un tas d'humeur et de sang, une pelletée de chair corrompue, jetée là, sur un coussin. Les pustules avaient envahi la figure entière, un bouton touchant l'autre ; et flétries, affaissées, d'un aspect grisâtre de boue, elles semblaient déjà une moisissure de la terre, sur cette bouillie informe, où l'on ne retrouvait plus les traits. Un œil, celui de gauche, avait complètement sombré dans le bouillonnement de la purulence ; l'autre, à demi ouvert, s'enfonçait, comme un trou noir et gâté. Le nez suppurait encore. Toute une croûte rougeâtre partait d'une joue, envahissait la bouche, qu'elle tirait dans un rire abominable. (...) Vénus se décomposait. Il semblait que le virus pris par elle dans les ruisseaux, sur les charognes tolérées, ce ferment dont elle avait empoisonné un peuple venait de lui remonter au visage et l'avait pourri.

Emile Zola, *Nana.*

POUVOIR

Tout pouvoir humain est un composé de patience et de temps. Les gens puissants veulent et veillent.

Honoré de Balzac, *Eugénie Grandet.*

Ainsi, à l'âge de vingt-sept ans, Bonaparte tient d'une main l'épée qui divise les états, et de l'autre la balance qui pèse les rois. Le Directoire a beau lui tracer sa voie, il marche dans la sienne : s'il ne commande pas encore, il n'obéit déjà plus.

Alexandre Dumas, *Napoléon.*

Justes, ne craignez point le vain pouvoir des hommes.
Quelque élevés qu'ils soient, ils sont ce que nous sommes,
Et c'est le même Dieu qui nous jugera tous !

Jean-Baptiste Rousseau

Les peuples démocratiques haïssent souvent les dépositaires du pouvoir central ; mais ils aiment toujours ce pouvoir lui-même.

Alexis de Tocqueville

PRÉCAUTION

Deux sûretés valent mieux qu'une...

Jean de La Fontaine, *Le Loup, la Chèvre et le Chevreau.*

PRÉJUGÉS

Les passions détruisent plus de préjugés que la philosophie.

Diderot

PRÉSENT

Le présent touche toujours, sans comparaison, davantage les âmes faibles que l'avenir même le plus proche.

Paul de Gondi, cardinal de Retz, *Mémoires.*

PRÊT

La fourmi n'est pas prêteuse :
C'est là son moindre défaut.

Jean de La Fontaine, *La Cigale et la Fourmi.*

Il se faut prêter à autrui et ne se donner qu'à soi-même.

Montaigne, *Essais.*

PRÊTRE

Nos prêtres ne sont pas ce qu'un vain peuple pense;
Notre crédulité fait toute leur science.

Voltaire, *Œdipe.*

PRÉVARICATION

Bon appétit, Messieurs ! O ministres intègres !
Conseillers vertueux ! Voilà votre façon
De servir, serviteurs qui pillez la maison.

Victor Hugo, *Ruy Blas.*

PRIÈRE

La prière est la sœur tremblante de l'amour.

Victor Hugo, *La Légende des siècles.*

Voilà pourquoi les fleurs, ces prières écloses
Dont Dieu lui-même emplit les corolles de miel,
Pures comme ces lis, chastes comme ces roses,
Semblent prier pour nous dans les maisons du ciel.

Alphonse de Lamartine

PRINCESSE

Etre belle et aimée, ce n'est être que femme. Etre laide et savoir se faire aimer, c'est être princesse.

Barbey d'Aurevilly

PRINCIPES

Je ne sais ce que c'est que des principes, sinon des règles qu'on prescrit aux autres pour soi.

Diderot, *Jacques le Fataliste et son maître.*

Ceux qui dirigent le peuple sont aussi des sots : mais au lieu d'obéir à des hommes, ils obéissent à des principes, lesquels ne peuvent être que niais, stériles et faux, par cela même qu'ils sont des principes, c'est-à-dire des idées réputées certaines et immuables, en ce monde où l'on n'est sûr de rien, puisque la lumière est une illusion, puisque le bruit est une illusion.

Guy de Maupassant

PRINTEMPS

O jours de mon printemps, jours couronnés de roses.

André Chénier, *Poésies.*

Quand nous chanterons le temps des cerises
Sifflera bien mieux le merle moqueur.
Mais il est bien court, le temps des cerises
Où l'on s'en va deux cueillir en rêvant
Des pendants d'oreilles !

Jean-Baptiste Clément

Le temps a laissé son manteau
De vent, de froidure et de pluie,
Et s'est vêtu de broderie,
De soleil luisant, clair et beau.

Charles d'Orléans

Amour et les fleurs ne durent qu'un Printemps.

Pierre de Ronsard

Maintenant, en plein ciel, le soleil d'avril rayonnait dans sa gloire, échauffant la terre qui enfantait. Du flanc nourricier jaillissait la vie, les bourgeons crevaient en feuilles vertes, les champs tressautaient de la poussée des herbes. De toutes parts, des graines se gonflaient, s'allongeaient, gerçaient la plaine, travaillées d'un besoin de chaleur et de lumière.

Emile Zola, *Germinal.*

PROBITÉ

Plus vous trouverez de raison dans un homme plus vous trouverez en lui de probité.

Diderot

Cet homme marchait pur loin des sentiers obliques
Vêtu de probité candide et de lin blanc.

Victor Hugo, *La Légende des siècles.*

PROCÈS

Misère est compagne de procès.

François Rabelais

Les Juifs se ruinent en Pâques, les Maures en noces, les chrétiens en procès.

Eugène Le Roy, *Jacquou le Croquant.*

PROFIT

Le profit de l'un est le dommage de l'autre.

Montaigne, *Essais.*

PROFONDEUR

Souvent je me suis demandé quelle chose était le plus facile à reconnaître : la profondeur de l'océan ou la profondeur du cœur humain.

Lautréamont, *Les Chants de Maldoror.*

PROGRÈS

Les vrais hommes de progrès sont ceux qui ont pour point de départ un respect profond du passé.

Ernest Renan

PROJETS

Il faut toujours tâcher de former ses projets de façon que leur réussite même soit suivie de quelque avantage.

Paul de Gondi, cardinal de Retz, *Mémoires.*

PROMENADE

Faire route à pied par un beau temps, dans un beau pays, sans être pressé, et avoir pour terme de ma course un objet agréable : voilà de toutes les manières de vivre celle qui est le plus à mon goût.

Jean-Jacques Rousseau, *Confessions.*

Nous marcherons ainsi, ne laissant que notre ombre
Sur cette terre ingrate où les morts ont passé ;
Nous nous parlerons d'eux à l'heure où tout est sombre,
Où tu te plais à suivre un chemin effacé.

Alfred de Vigny

PROMESSE

Il m'a dit qu'il ne faut jamais
Vendre la peau de l'ours qu'on ne l'ait mis par terre.

Jean de La Fontaine, *L'Ours et les deux Compagnons.*

Le plus lent à promettre est toujours le plus fidèle à tenir.

Jean-Jacques Rousseau, *Emile.*

Demain, j'irai demain voir ce pauvre chez lui,
Demain, je reprendrai le livre à peine ouvert,
Demain, je te dirai, mon âme, où je te mène,
Demain, je serai juste et fort... Pas aujourd'hui.

Sully Prud'homme, *Poésies.*

On promet beaucoup pour se dispenser de donner peu.

Vauvenargues, *Réflexions et Maximes.*

PROMOTION SOCIALE

Cet ancien soldat, épicier, ménétrier et commis expéditionnaire fut depuis le maréchal Victor, duc de Bethune.

Alexandre Dumas, *Napoléon.*

PROPRIÉTÉ

La propriété, c'est le vol.

Proudhon

PROSPÉRITÉ

La prospérité fait peu d'amis.

Vauvenargues, *Réflexions et Maximes.*

PROSTATE

Il y a deux organes inutiles, la prostate et la Présidence de la République.

Georges Clemenceau

PROSTITUTION

Il n'y a, pour les nobles, qu'un moyen de fortune, et de même pour tous ceux qui ne veulent rien faire : ce moyen, c'est la prostitution. La Cour l'appelle galanterie.

Paul-Louis Courier

PRUDENCE

Un Tiens vaut, ce dit-on, mieux que deux Tu l'auras :
L'un est sûr; l'autre ne l'est pas.

Jean de La Fontaine, *Le Petit Poisson et le Pêcheur.*

Avec de la prudence, on peut faire toute espèce d'imprudence.

Jules Renard, *Journal.*

Il faut être prudent, mais non pas timide.

Voltaire

PUISSANCE

La puissance ne consiste pas à frapper fort ou souvent, mais à frapper juste.

Honoré de Balzac, *Physiologie du mariage.*

PUNITION

Qui pardonne aisément invite à l'offenser;
Punissons l'assassin, proscrivons les complices.
Mais quoi ? toujours du sang, et toujours des supplices !
Ma cruauté se lasse, et ne peut s'arrêter;
Je veux me faire craindre, et ne fais qu'irriter.

Pierre Corneille, *Cinna.*

Dieu punit l'homme de ses fautes en le laissant vivre.

Xavier Forneret

PYRAMIDES

Soldats, songez que, du haut de ces Pyramides, quarante siècles vous contemplent !

Napoléon Bonaparte, *21/7/1798 avant la bataille.*

PYROMANE

En France, on laisse en repos ceux qui mettent le feu et on persécute ceux qui sonnent le tocsin.

Chamfort

Q

QUALITÉ

C'est sans doute un grand avantage,
D'avoir de l'esprit, du courage,
De la naissance, du bon sens,
Et d'autres semblables talents,
Qu'on reçoit du ciel en partage ;
Mais vous aurez beau les avoir,
Pour votre avancement ce seront choses vaines,
Si vous n'avez, pour les faire valoir,
Ou des parrains ou des marraines.

Charles Perrault, *Cendrillon.*

R

RABELAIS

Rabelais, c'est la Gaule ; et qui dit la Gaule dit aussi la Grèce, car le sel attique et la bouffonnerie gauloise ont au fond la même saveur... Son éclat de rire énorme est un des gouffres de l'esprit.

Victor Hugo

RACINE

Racine se conforme à nos idées, (...) il peint les hommes tels qu'ils sont.

Jean de La Bruyère, *Les Caractères.*

Racine fait des comédies pour la Champmeslé : ce n'est pas pour les siècles à venir. Racine passera comme le café.

Mme de Sévigné, *Lettres.*

RAISON

La puissance de bien juger, de distinguer le vrai d'avec le faux, qui est proprement ce qu'on nomme le bon sens, ou la raison, est naturellement égale en tous les hommes.

Descartes, *Discours de la méthode.*

La raison est ce qui effraie le plus chez un fou.

Anatole France

Quand l'eau courbe un bâton, ma raison le redresse.

Jean de La Fontaine, *Un animal dans la lune.*

La parfaite raison fuit toute extrémité
Et veut que l'on soit sage avec sobriété.

Molière, *Le Misanthrope.*

Dans tout ce qu'on entreprend, il faut donner les deux tiers à la raison et l'autre tiers au hasard. Augmentez la première fraction, et vous serez pusillanime. Augmentez la seconde, vous serez téméraire.

Napoléon Ier, *Le Mémorial de Sainte-Hélène.*

Le cœur a ses raisons que la raison ne connaît pas.

Pascal, *Pensées.*

Deux excès : exclure la raison, n'admettre que la raison.

Pascal, *Pensées.*

La raison du plus raisonnable est toujours la meilleure.

Jules Renard, *Journal.*

La raison fait l'homme mais c'est le sentiment qui le conduit.

Jean-Jacques Rousseau

RAISON (AVOIR...)

Prouver que j'ai raison serait accorder que je puis avoir tort.

Beaumarchais, *Le Mariage de Figaro.*

RALLIEMENT

Ralliez-vous à mon panache blanc !

Henri IV, *avant la bataille d'Ivry, le 14/3/1590.*

RANG

Tel brille au second rang qui s'éclipse au premier.

Voltaire, *La Henriade.*

RAPIDITÉ

Appelons hommes de génie ceux qui font vite ce que nous faisons lentement.

Joseph Joubert, *Pensées.*

RATAGE

C'est très bien. J'aurai tout manqué, même ma mort.

Edmond Rostand, *Cyrano de Bergerac.*

Nous sommes tous des ratés, puisque ça finit par la mort.

Georges Simenon

RÉCONCILIATION

Tous les gueux se réconcilient à la gamelle.

Diderot

RECONNAISSANCE

La reconnaissance a la mémoire courte.

Benjamin Constant

RÉFLEXION

Je ne me fie quasi jamais aux premières pensées qui me viennent.

Descartes, *Discours de la méthode.*

REGARD

Allume ta prunelle à la flamme des lustres ;
Allume le défi dans le regard des rustres.

Charles Baudelaire, *Les Fleurs du mal.*

Il y a une vertu dans les regards d'un grand homme.

Chateaubriand, *Voyage en Amérique.*

Celui qui disperse ses regards sur tout ne voit rien ou voit mal.

Diderot

Le soleil ni la mort ne peuvent se regarder fixement.

La Rochefoucauld, *Maximes.*

RÈGNE

Ou laissez-moi périr, ou laissez-moi régner.

Pierre Corneille, *Cinna.*

REGRETS

(...) Vois se pencher les défuntes Années,
Sur les balcons du ciel, en robes surannées ;
Surgir du fond des eaux le Regret souriant.

Charles Baudelaire, *Les Fleurs du mal.*

— Qu'as-tu fait, ô toi que voilà
Pleurant sans cesse,
Dis, qu'as-tu fait, toi que voilà,
De ta jeunesse ?

Paul Verlaine, *Sagesse.*

En écrivant cette parole
A peu que le cœur ne me fend.

François Villon, *Le Testament.*

REINE

Les reines ont été vues pleurant comme de simples femmes.

Chateaubriand

RELATIVITÉ

Le monde est fait ainsi : loi suprême et funeste !
Comme l'ombre d'un songe au bout de peu d'instants
Ce qui charme s'en va, ce qui fait peine reste ;
La rose vit une heure et le cyprès cent ans.

Théophile Gautier, *Poésies.*

RELIGIEUSE

Le mariage est une vie, le voile est une mort.

Honoré de Balzac, *Eugénie Grandet.*

RELIGION

La religion n'est autre chose que l'ombre portée de l'univers sur l'intelligence humaine.

Victor Hugo

RELIQUES

Ah ! Durendal, comme tu es belle et sainte ! Dans ton pommeau doré, il y a beaucoup de reliques : une dent de Saint Pierre, du sang de Saint Basile, et des cheveux de Monseigneur Saint Denis, et du vêtement de Sainte Marie.

La chanson de Roland

REMÈDE

J'ai vu la princesse (...) qui prend tous les jours douze tasses de thé. Elle le fait infuser comme nous, et remet encore dans la tasse plus de la moitié d'eau bouillante ; elle pensa me faire vomir. Cela, dit-elle, la guérit de tous ses maux.

Mme de Sévigné, *Lettres.*

RÉMINISCENCE

Puis une dame, à sa haute fenêtre,
Blonde aux yeux noirs, en ses habits anciens,
Que, dans une autre existence peut-être,
J'ai déjà vue... et dont je me souviens !

Gérard de Nerval

REMORDS

Et le ver rongera ta peau comme un remords.

Charles Baudelaire, *Les Fleurs du mal.*

Quand le moment viendra d'aller trouver les morts,
J'aurai vécu sans soins, et mourrai sans remords.

Jean de La Fontaine, *Le Songe d'un habitant du Mogol.*

RENCONTRE

Oh ! qu'une, d'Elle-même, un beau soir, sût venir
Ne voulant plus que boire à mes lèvres, ou mourir !

Jules Laforgue

REPENTIR

Cette tristesse, que nos fautes nous causent, a un nom particulier, et s'appelle repentir.

Bossuet

Je hais cet accidentel repentir que l'âge apporte.

Montaigne, *Essais.*

Dieu fit du repentir la vertu des mortels.

Voltaire, *Olympie.*

REPOS

Il n'y a pas de repos pour les peuples libres ; le repos, c'est une idée monarchique.

Georges Clemenceau, *à la Chambre des députés, 1883.*

Le repos ? Le repos, trésor si précieux
Qu'on en faisait jadis le partage des dieux !

Jean de La Fontaine, *L'Homme qui court après la fortune...*

RÉPUBLIQUE

La République est jeune et fière
Et ne punit que les bourreaux ;
Elle marche dans la lumière.
La République est un héros.

Théodore de Banville, *Idylles prussiennes.*

La République nous appelle;
Sachons vaincre ou sachons périr :
Un Français doit vivre pour elle;
Pour elle un Français doit mourir.

Marie-Joseph Chénier, *Chant du départ.*

La République, en France, a ceci de particulier que personne n'en veut et que tout le monde y tient.

Gobineau

La république est une anarchie positive.

Proudhon

RESPECT

On respecte un homme qui se respecte lui-même.

Honoré de Balzac

Il avait pour lui le respect d'un homme qui a pesé la vie dans tous les trébuchets du mépris et qui trouvait que rien n'est plus beau, après tout, que la force humaine écrasée par la stupidité du destin.

Barbey d'Aurevilly, *Les Diaboliques.*

RESSENTIMENT

J'ai été un ami sincère, je resterai ennemi irréconciliable. Je suis malheureusement né : les blessures qu'on me fait ne se ferment jamais.

Chateaubriand, *Mémoires d'outre-tombe.*

RETARD

Je suis venu trop tard dans un monde trop vieux.

Alfred de Musset

RETRAITE

Tircis, il faut penser à faire la retraite :
La course de nos jours est plus qu'à demi faite,
L'âge insensiblement nous conduit à la mort.
Nous avons assez vu sur la mer de ce monde
Errer au gré des flots notre nef vagabonde ;
Il est temps de jouir des délices du port.

Racan

RÉUSSITE

Je réussirai ! Le mot du joueur, du grand capitaine, mot fataliste qui perd plus d'hommes qu'il n'en sauve.

Honoré de Balzac, *Le Père Goriot.*

J'ai toujours cru que pour réussir dans le monde, il fallait avoir l'air fou et être sage.

Montesquieu, *Mes pensées.*

Pour réussir dans le monde, retenez bien ces trois maximes : voir, c'est savoir ; vouloir, c'est pouvoir ; oser, c'est avoir.

Alfred de Musset

Pour moi, je n'ai qu'un besoin, celui de réussir.

Napoléon Ier

L'art d'être tantôt très audacieux et tantôt très prudent est l'art de réussir.

Napoléon Ier

Quand on a le droit de se tromper impunément, on est toujours sûr de réussir.

Ernest Renan

Le plus souvent on réussit non par ce qu'on fait, mais par ce qu'on ne fait pas.

Jules Tellier

RÊVES

C'était l'heure où l'essaim des rêves malfaisants
Tord sur leurs oreillers les bruns adolescents.

Charles Baudelaire, *Les Fleurs du mal.*

Et l'on songerait, parmi ces parfums
De bras, d'éventails, de fleurs, de peignoirs,
De fins cheveux blonds, de lourds cheveux noirs,
Aux pays lointains, aux siècles défunts.

Charles Baudelaire, *Les Fleurs du mal.*

Le rêve est l'aquarium de la nuit.

Victor Hugo, *Les Travailleurs de la mer.*

Dans les Indes du Rêve aux pacifiques Ganges,
Que j'en ai des comptoirs, des hamacs de rechange !

Jules Laforgue, *Les Complaintes.*

On ne rêve que lorsqu'on dort.

Lautréamont, *Poésies.*

Rêve de grandes choses, cela te permettra d'en faire au moins de toutes petites.

Jules Renard, *Journal.*

Le rêve de l'homme est semblable
Aux illusions de la mer.

Paul-Jean Toulet, *Les Contrerimes.*

Je fais souvent ce rêve étrange et pénétrant
D'une femme inconnue, et que j'aime, et qui m'aime,
Et qui n'est, chaque fois, ni tout à fait la même
Ni tout à fait une autre, et m'aime et me comprend.

Paul Verlaine, *Poèmes saturniens.*

RÉVOLUTION

Toute révolution qui n'est pas accomplie dans les mœurs et dans les idées échoue.

Chateaubriand

La révolution féminine doit maintenant compléter la révolution prolétaire, comme celle-ci consolida la révolution bourgeoise, émanée d'abord de la révolution philosophique.

Auguste Comte, *Catéchisme positiviste.*

Il ne peut y avoir révolution que là où il y a conscience.

Jean Jaurès

Ce ne sont point les hommes qui mènent la révolution, c'est la révolution qui emploie les hommes.

Joseph de Maistre, *Considérations sur la France.*

Dans les révolutions, il y a deux sortes de gens : ceux qui les font et ceux qui en profitent.

Napoléon Ier

Ceux qui font des révolutions à moitié n'ont fait que se creuser un tombeau.

Saint-Just

RÉVOLUTION FRANÇAISE

La Révolution française est un bloc, un bloc dont on ne peut rien distraire, parce que la vérité historique ne le permet pas.

Georges Clemenceau, *à la Chambre des députés, 1891.*

Les meneurs, nos grands Terroristes, n'étaient nullement des hommes du peuple, mais des bourgeois, des nobles, des esprits cultivés, subtils, bizarres, des sophistes et des scolastiques.

Jules Michelet, *Le Peuple.*

RÉVOLUTIONNAIRE

Il n'y a que deux grands courants dans l'histoire de l'humanité : la bassesse qui fait les conservateurs et l'envie qui fait les révolutionnaires.

Edmond et Jules de Goncourt, *Journal.*

RICHESSE

La possession des richesses a des filets invisibles où le cœur se prend insensiblement.

Bossuet, *Sermons.*

Qui aura le profit aura l'honneur.

Philippe de Commynes, *Mémoires.*

Je ne suis pas assez riche pour vous aimer comme je voudrais, ni assez pauvre pour être aimé comme vous voudriez.

Alexandre Dumas fils, *Lettre de rupture à Marie Duplessis.*

Quoi qu'on fasse, on ne peut se déshonorer quand on est riche.

Diderot, *Le Neveu de Rameau.*

On se lasse d'être un héros et on ne se lasse pas d'être riche.

Fontenelle

Ce n'est pas tant d'être riche qui fait le bonheur, c'est de le devenir.

Stendhal

Il n'est pas vrai que les hommes soient meilleurs dans la pauvreté que dans la richesse.

Vauvenargues, *Réflexions et Maximes.*

RIDE

Le temps aux plus belles choses
Se plaît à faire un affront,
Et saura faner vos roses
Comme il a ridé mon front.

Pierre Corneille, *Stances.*

Mesdames, souriez afin que plus tard vos rides soient bien placées.

Mme de Maintenon

RIDICULE

Le ridicule déshonore plus que le déshonneur.

La Rochefoucauld, *Maximes.*

Le ridicule n'existe pas : ceux qui osèrent le braver en face conquirent le monde.

Octave Mirbeau

RIRE

La plus perdue de toutes les journées est celle où l'on n'a pas ri.

Chamfort

Rira bien qui rira le dernier.

Florian, *Fables.*

Et les perles en dents se moulent
Pour l'écrin des rires charmants.

Théophile Gautier, *Emaux et Camées.*

Il faut rire avant d'être heureux, de peur de mourir sans avoir ri.

Jean de La Bruyère, *Les Caractères.*

Riez, mais pleurez, en même temps.

Lautréamont, *Les Chants de Maldoror.*

Tel qui rit vendredi dimanche pleurera.

Jean Racine, *Les Plaideurs.*

RISQUE

Plus le péril est grand, plus doux en est le fruit.

Pierre Corneille, *Cinna.*

RIVAL

Ou vous avez un rival, ou vous n'en avez pas. Si vous en avez un, il faut plaire pour lui être préféré ; si vous n'en avez pas, il faut encore plaire pour éviter d'en avoir.

Choderlos de Laclos, *Les Liaisons dangereuses.*

J'embrasse mon rival, mais c'est pour l'étouffer.

Jean Racine, *Britannicus.*

RIVE

Au bord tristement doux des eaux, je me retire,
Et vois couler ensemble et les eaux, et mes jours ;
Je m'y vois sec et pâle, et si j'aime toujours
Leur rêveuse mollesse où ma peine se mire.

Jacques Davy du Perron

ROBE

Que tu me plais dans cette robe
Qui te déshabille si bien
Faisant jaillir ta gorge en globe,
Montrant tout nu ton bras païen !

Théophile Gautier

Toute femme portait jadis une robe bleue ou noire qu'elle gardait dix ans sans la laver, de peur qu'elle ne s'en allât en lambeaux.

Jules Michelet, *Le Peuple.*

Je vous dois d'avoir eu, tout au moins, une amie.
Grâce à vous une robe a passé dans ma vie.

Edmond Rostand, *Cyrano de Bergerac.*

ROIS

Ce qu'ils peuvent n'est rien ; ils sont comme nous sommes, Véritablement hommes Et meurent comme nous.

François de Malherbe

ROMAN

L'histoire est un roman qui a été, le roman est de l'histoire qui aurait pu être.

Edmond et Jules de Goncourt

Le roman est un genre faux, parce qu'il décrit les passions pour elles-mêmes : la conclusion morale est absente.

Lautréamont, *Poésies.*

ROMANCIER

Le hasard est le plus grand romancier du monde ; pour être fécond, il n'y a qu'à l'étudier.

Balzac, *La Comédie humaine.*

ROMANTISME

Les romantiques avaient cru que l'art était surtout dans le laid. L'amour errant leur a semblé plus poétique que la famille, et le vol que le travail, et le bagne que l'atelier.

Jules Michelet, *Le Peuple.*

La littérature romantique est la seule qui puisse exister et se vivifier de nouveau ; elle exprime notre religion ; elle rappelle notre histoire.

Mme de Staël

ROME

Rome l'unique objet de mon ressentiment !
Rome, à qui vient ton bras d'immoler mon amant !
Rome qui t'a vu naître et que ton cœur adore !
Rome enfin que je hais parce qu'elle t'honore !

Pierre Corneille, *Horace.*

Rome n'est plus dans Rome, elle est toute où je suis.

Pierre Corneille, *Sertorius.*

RONSARD

Et toi, mon maître, ô fier Ronsard,
Enthousiaste du doux art,
Amant d'Hélène,
Qui jadis nous émerveillais
Sur les roses et les œillets
De son haleine !

Théodore de Banville

ROSES

Larges roses de feu, comme on en voit en rêve,
Et dont le fier carmin, d'un sourire enchanté,
Ressemble à du sang frais sur le tranchant d'un glaive.

Théodore de Banville, *Les Exilés.*

Vivez, si m'en croyez, n'attendez à demain ;
Cueillez dès aujourd'hui les roses de la vie.

Pierre de Ronsard, *Sonnets pour Hélène.*

Mignonne, allons voir si la rose
Qui ce matin avait déclose
Sa robe de pourpre au soleil,
A point perdu cette vesprée
Les plis de sa robe pourprée
Et son teint au vôtre pareil.

Pierre de Ronsard, *Odes,* « A Cassandre ».

Les roses naissent sur ta face
Quand tu ris près du feu...

Paul-Jean Toulet, *Les Contrerimes.*

ROSEAU

L'homme n'est qu'un roseau, le plus faible de la nature, mais c'est un roseau pensant.

Pascal, *Pensées.*

RÔTISSEUR

On devient cuisinier mais on naît rôtisseur.

Brillat-Savarin, *Physiologie du goût.*

Enfer chrétien, du feu. Enfer païen, du feu. Enfer mahométan, du feu. Enfer hindou, des flammes. A en croire les religions, Dieu est né rôtisseur.

Victor Hugo

ROUGIR

Il vaut mieux faire rougir une femme que la faire rire.

Alphonse Karr

ROUSSEUR

Elle avait les yeux verts, et jusque sur sa croupe
Ondoyait en torrent l'or de ses cheveux roux.

Théophile Gautier, *Poésies.*

On peut juger de la couleur de la peau par celle des cheveux qui, chez les Egyptiens, les meilleurs philosophes du monde, étaient d'une si grande conséquence, qu'ils faisaient mourir tous les hommes roux qui leur tombaient entre les mains.

Montesquieu, *De l'esprit des lois.*

RUE

La rue assourdissante autour de moi hurlait.

Charles Baudelaire, *Les Fleurs du mal.*

RUINES

Les ruines jettent une grande moralité au milieu des scènes de la nature.

Chateaubriand, *Le Génie du christianisme.*

S

SABRE

Il n'y a que deux puissances dans le monde : le sabre et l'esprit. J'entends par l'esprit les institutions civiles et religieuses. A la longue, le sabre est toujours battu par l'esprit.

Napoléon Ier, *Le Mémorial de Sainte-Hélène.*

SAGE

On a souvent honoré du titre de sage ceux qui n'ont eu d'autre mérite que de contredire leurs contemporains.

D'Alembert

SAGESSE

L'une des plus grandes sagesses en l'art militaire, c'est de ne pousser son ennemi au désespoir.

Montaigne, *Essais.*

J'aime les paysans, ils ne sont pas assez savants pour raisonner de travers.

Montesquieu, *Mes pensées.*

Le bon sens du maraud quelquefois m'épouvante.
Molière, avec raison, consultait sa servante.

Alexis Piron

On ne reçoit pas la sagesse, il faut la découvrir soi-même, après un trajet que personne ne peut faire pour nous, ne peut nous épargner.

Marcel Proust, *A la recherche du temps perdu.*

SALADE

Il faut quatre hommes pour faire une salade : un prodigue pour l'huile, un avare pour le vinaigre, un sage pour le sel et un fou pour le poivre.

François Coppée

SALAIRE

Un garçon boulanger à Paris gagne plus que deux douaniers, plus qu'un lieutenant d'infanterie, plus que tel magistrat, plus que la plupart des professeurs ; il gagne autant que six maîtres d'école !

Jules Michelet, *Le Peuple.*

SALETÉ

Je suis sale. Les poux me rongent. Les pourceaux, quand ils me regardent, vomissent.

Lautréamont, *Les Chants de Maldoror.*

SALUT

Le salut des vaincus est de n'en plus attendre.

Racan

SAMOURAI

... Sabres au flanc, l'éventail haut, il va.
La cordelière rouge et le gland écarlate
Coupent l'armure sombre, et, sur l'épaule, éclate
Le blason de Hizen ou de Tokungawa.

Ce beau guerrier vêtu de lames et de plaques,
Sous le bronze, la soie et les brillantes laques,
Semble un crustacé noir, gigantesque et vermeil.

José Maria de Heredia, *Les Trophées.*

SANG

Le sang du pauvre, c'est l'argent. On en vit et on en meurt depuis des siècles. Il résume expressivement toute souffrance.

Léon Bloy

SAULE

Mes chers amis, quand je mourrai,
Plantez un saule au cimetière.
J'aime son feuillage éploré;
Sa pâleur m'en est douce et chère,
Et son ombre sera légère
A la terre où je dormirai.

Alfred de Musset, *Poésies,* « Lucie ».

SAUVAGEONNE

Je vis venir à moi, dans les grands roseaux verts,
La belle fille heureuse, effarée et sauvage,
Ses cheveux dans ses yeux, et riant au travers.

Victor Hugo

SAVOIR

Ce que j'ai appris, je ne le sais plus. Le peu que je sais encore, je l'ai deviné.

Chamfort

Savoir ce que tout le monde sait, c'est ne rien savoir.

Remy de Gourmont

Puisqu'on ne peut être universel et savoir tout ce qu'on peut savoir sur tout, il faut savoir un peu de tout. Car il est bien plus beau de savoir quelque chose de tout que de savoir tout d'une chose; cette universalité est la plus belle.

Pascal, *Pensées.*

Généralement, les gens qui savent peu parlent beaucoup, et les gens qui savent beaucoup parlent peu.

Jean-Jacques Rousseau, *Emile.*

Il y a trois savoirs : le savoir proprement dit, le savoir-faire, et puis le savoir-vivre : les deux derniers dispensent bien souvent du premier.

Talleyrand

SCIENCE

La seule vraie science est la connaissance des faits.

Buffon, *Histoire naturelle.*

La science n'a pas de patrie.

Louis Pasteur

Le monde et la science ont leurs données propres, qui se touchent et ne se pénètrent pas. L'une nous montre à quel but nous devons viser, l'autre, le but étant donné, nous donne les moyens de l'attendre. Il ne peut pas y avoir de science immorale, pas plus qu'il ne peut y avoir de morale scientifique.

Henri Poincaré

La science a fait de nous des dieux avant même que nous méritions d'être des hommes.

Jean Rostand

Il est tombé pour nous le rideau merveilleux
Où du vrai monde erraient les fausses apparences,
La science a vaincu l'imposture des yeux,
L'homme a répudié les vaines espérances.

Sully Prud'homme, *Poésies.*

SCIENCES

L'astronomie est née de la superstition ; l'éloquence de l'ambition, de la haine, de la flatterie, du mensonge ; la géométrie de l'avarice ; la physique d'une vaine curiosité ; toutes, et la morale même, de l'orgueil humain.

Jean-Jacques Rousseau

SCULPTURE

La sculpture est comme l'art dramatique, à la fois le plus difficile et le plus facile de tous les arts. Copiez un modèle, et l'œuvre est accomplie ; mais y imprimer une âme, faire un type en représentant un homme ou une femme, c'est le péché de Prométhée. On compte ce succès dans les annales de la sculpture, comme on compte les poètes dans l'humanité.

Honoré de Balzac, *La Cousine Bette.*

SECRET

Mon âme a son secret, ma vie a son mystère.

Félix Arvers, *Mes heures perdues.*

Rien ne pèse tant qu'un secret ;
Le porter loin est difficile aux dames,
Et je sais même sur ce fait
Bon nombre d'hommes qui sont femmes.

Jean de La Fontaine, *Les Femmes et le Secret.*

J'aime, et rien ne le dit ; j'aime, et seul je le sais ;
Et mon secret m'est cher, et chère ma souffrance ;
Et j'ai fait le serment d'aimer sans espérance,
Mais non pas sans bonheur ; — je vous vois, c'est assez.

Alfred de Musset

SÉDUCTEUR

Charmant, jeune, traînant tous les cœurs après soi.

Jean Racine, *Phèdre.*

SÉDUCTION

La séduction suprême n'est pas d'exprimer ses sentiments, c'est de les faire soupçonner.

Barbey d'Aurevilly

Pour obtenir une femme qui le veut bien, il faut la traiter comme si elle ne nous voulait pas.

Beaumarchais

Le désir de plaire naît chez les femmes avant le besoin d'aimer.

Ninon de Lenclos

L'art de plaire est l'art de tromper.

Vauvenargues, *Réflexions et Maximes.*

SEIGNEUR

Parce que vous êtes un grand seigneur, vous vous croyez un grand génie !

Beaumarchais, *Le Mariage de Figaro.*

La gloire a sillonné de ses illustres rides
Le visage hardi de ce grand Cavalier
Qui porte sur son front que nul n'a fait plier
Le hâle de la guerre et des soleils torrides.

José Maria de Heredia, *Les Trophées.*

SEINS

Je me haussai tout palpitant pour voir le corsage et fus complètement fasciné par une gorge chastement couverte d'une gaze, mais dont les globes azurés et d'une rondeur parfaite étaient douillettement couchés dans des flots de dentelle.

Honoré de Balzac, *Le Lys dans la vallée.*

Que des nœuds mal attachés
Dévoilent pour nos péchés
Tes deux beaux seins, radieux
Comme des yeux.

Charles Baudelaire, *Les Fleurs du mal.*

Quand, les deux yeux fermés, en un chaud soir [d'automne,
Je respire l'odeur de ton sein chaleureux,
Je vois se dérouler des rivages heureux
Qu'éblouissent les feux d'un soleil monotone.

Charles Baudelaire, *Les Fleurs du mal.*

Que ton sein m'était doux ! Que ton cœur m'était bon !

Charles Baudelaire, *Les Fleurs du mal.*

Ses beaux seins effarés, au tic tac de son cœur,
Tremblaient et palpitaient, comme deux tourterelles
Surprises dans le nid, qui font un grand bruit d'ailes
Entre les doigts de l'oiseleur.

Théophile Gautier, *Poésies.*

Et son sein, neige moulée en globe,
Contre les camélias blancs
Et le blanc satin de sa robe
Soutient des combats violents.

Théophile Gautier, *Emaux et Camées.*

Couvrez ce sein que je ne saurais voir :
Par de pareils objets les âmes sont blessées,
Et cela fait venir de coupables pensées.

Molière, *Le Tartuffe.*

Je voudrais bien richement jaunissant
En pluie d'or goutte à goutte descendre
Dans le beau sein de ma belle Cassandre,
Lors qu'en ses yeux le somme va glissant.

Pierre de Ronsard, *Les Amours de Cassandre.*

SEMEUR

Et je médite, obscur témoin,
Pendant que, déployant ses voiles,
L'ombre, où se mêle une rumeur,
Semble élargir jusqu'aux étoiles
Le geste auguste du semeur.

Victor Hugo, *Les Chansons des rues et des bois.*

SENSATION

La manière la plus profonde de sentir quelque chose est d'en souffrir.

Gustave Flaubert

SENTIER

Mon cœur, mon tout, ma lumière,
Vivons ensemble, vivons,
Et suivons
Les doux sentiers de la jeunesse.

Rémy Belleau

SENTIMENT

Si c'est la raison qui fait l'homme, c'est le sentiment qui le conduit.

Jean-Jacques Rousseau, *La Nouvelle Héloïse*

SÉPARATION

Dans un mois, dans un an, comment souffrirons-nous,
Seigneur, que tant de mers me séparent de vous ?

Jean Racine, *Bérénice.*

SÉPULTURES

Le cercueil du poète était jonché de roses... La tombe du despote était pleine de sang.

François Coppée

SERMENTS

Ces serments, ces parfums, ces baisers infinis,
Renaîtront-ils d'un gouffre interdit à nos sondes,
Comme montent au ciel les soleils rajeunis
Après s'être lavés au fond des mers profondes ?
— O serments ! ô parfums ! ô baisers infinis !

Charles Baudelaire, *Les Fleurs du mal.*

SERMON

Nous entendîmes après dîner le sermon du Bourdaloue qui frappe comme un sourd, disant des vérités à bride abattue.

Mme de Sévigné, *Lettres.*

SERPENTS

Pour qui sont ces serpents qui sifflent sur vos têtes ?

Jean Racine, *Andromaque.*

SERRURE

Tire la chevillette, la bobinette cherra.

Charles Perrault, *Le Petit Chaperon rouge.*

SERVAGE

Ces richesses qui couvrent le sol, ces moissons, ces fruits, ces bestiaux orgueilleux qui s'engraissent dans les longues herbes, sont la propriété de quelques-uns et les instruments de la fatigue et de l'esclavage du plus grand nombre.

George Sand, *La Mare au diable.*

SERVICE

Les hommes ne s'attachent point à nous en raison des services que nous leur rendons, mais en raison de ceux qu'ils nous rendent.

Eugène Labiche, *Le Voyage de M. Perrichon.*

SERVIR

Servir ! C'est la devise de ceux qui aiment commander.

Jean Giraudoux

SERVITUDE

Le clergé, qui donne toujours l'exemple de la servitude, la prêchait aux autres sous le titre d'obéissance.

Paul de Gondi, cardinal de Retz, *Mémoires.*

SÉVÉRITÉ

D'ordinaire ceux qui gouvernent les enfants ne leur pardonnent rien, et se pardonnent tout à eux-mêmes.

Fénelon

SEXE

Le mâle est un accident ; la femelle aurait suivi.

Remy de Gourmont, *Physique de l'amour.*

L'homme a reçu de la nature une clef avec laquelle il remonte la femme toutes les vingt-quatre heures.

Victor Hugo

SIÈCLE

Je me suis rencontré entre deux siècles, comme au confluent de deux fleuves ; j'ai plongé dans leurs eaux troublées, m'éloignant à regret du vieux rivage où je suis né, nageant avec espérance vers une rive inconnue.

Chateaubriand, *Mémoires d'outre-tombe.*

SIÈCLE (GRAND)

C'était un temps digne de l'attention des temps à venir que celui où les héros de Corneille et de Racine, les personnages de Molière, les symphonies de Lulli et (puisqu'il ne s'agit ici que des arts) les voix des Bossuet et des Bourdaloue se faisaient entendre à Louis XIV, à Madame, si célèbre par son goût, à un Condé, à un Turenne, à un Colbert, et à cette foule d'hommes supérieurs qui parurent en tout genre. Ce temps ne se retrouvera plus, où un duc de La Rochefoucauld, l'auteur des *Maximes*, au sortir de la conversation d'un Pascal ou d'un Arnaud, allait au théâtre de Corneille.

Voltaire

SILENCE

Le silence des peuples est la leçon des rois.

Mirabeau

Le silence est la plus grande persécution; jamais les saints ne se sont tus.

Pascal, *Pensées.*

Le silence n'a jamais trahi personne.

Rivarol

Seul le silence est grand, tout le reste est faiblesse.

Alfred de Vigny, *Les Destinées.*

SILLON

Il est ouvert, il fume encore
Sur le sol, ce profond dessin.

Alphonse de Lamartine, *Jocelyn.*

Personne ne peut voir au soleil la fumée d'un sillon labouré sans avoir la chaude fièvre d'en être le seigneur.

George Sand, *François le Champi.*

SINCÉRITÉ

Je veux qu'on soit sincère, et qu'en homme d'honneur,
On ne lâche aucun mot qui ne parte du cœur.

Molière, *Le Misanthrope.*

(...) J'ai le défaut
D'être un peu plus sincère en cela qu'il ne faut.

Molière, *Le Misanthrope.*

SOCIABILITÉ

L'homme est un animal sociable qui déteste ses semblables.

Eugène Delacroix

SOCIÉTÉ

Les sociétés avancées exhalent comme une odeur de foule, des miasmes écœurants, et les duchesses ne sont pas les seules à s'en évanouir.

Gustave Flaubert, *Par les champs et par les grèves.*

SOIF

L'appétit vient en mangeant, la soif s'en va en buvant.

François Rabelais, *Gargantua.*

Courez tous après le chien, jamais il ne vous mordra ; buvez toujours avant la soif, et jamais elle ne vous adviendra.

François Rabelais, *Gargantua.*

SOIR

Sois sage, ô ma Douleur, et tiens-toi plus tranquille.
Tu réclamais le Soir ; il descend, le voici :
Une atmosphère obscure enveloppe la ville,
Aux uns portant la paix, aux autres le souci.

Charles Baudelaire, *Les Fleurs du mal.*

Les soirs illuminés par l'ardeur du charbon,
Et les soirs au balcon, voilés de vapeurs roses.

Charles Baudelaire, *Les Fleurs du mal.*

Voici venir les temps où vibrant sur sa tige
Chaque fleur s'évapore ainsi qu'un encensoir ;
Les sons et les parfums tournent dans l'air du soir ;
Valse mélancolique et langoureux vertige !

Charles Baudelaire, *Les Fleurs du mal.*

Chaque soir, espérant des lendemains épiques,
L'azur phosphorescent de la mer des Tropiques
Enchantait leur sommeil d'un mirage doré.

José Maria de Heredia, *Les Trophées.*

Là-bas les muezzins ont cessé leurs clameurs.
Le ciel vert, au couchant, de pourpre et d'or se frange ;
Le crocodile plonge et cherche un lit de fange,
Et le grand fleuve endort ses dernières rumeurs.

José Maria de Heredia, *Les Trophées.*

Seul. — Le Couchant retient un moment son Quadrige
En rayons où le ballet des moucherons danse,
Puis, vers les toits fumants de la soupe, il s'afflige...
Et c'est le Soir, l'insaisissable confidence...

Jules Laforgue, *Les Complaintes.*

Voir la nuit qui s'étoile et Paris qui s'allume.

François Coppée

SOIXANTAINE

Soixante ans, époque à laquelle les femmes se permettent des aveux.

Honoré de Balzac, *La Vieille Fille.*

SOLDAT

Il nous exposa longuement toutes les misères du soldat, les dégoûts de la caserne, les exigences mesquines de l'étiquette, toutes les cruautés de l'habit, l'arrogance brutale des sergents, l'humiliation des obéissances aveugles, l'assassinat permanent de l'instinct et la volonté sous la massue du pouvoir.

Gustave Flaubert, *Par les champs et par les grèves.*

J'aurais été soldat, si je n'étais poète.

Victor Hugo

Et nous, les petits, les obscurs, les sans-grades,
Nous qui marchions fourbus, blessés, crottés, malades,
Nous qui marchions toujours et jamais n'avancions;
Trop simples et trop gueux pour que l'espoir nous berne
De ce fameux bâton qu'on a dans sa giberne...

Edmond Rostand, *L'Aiglon.*

Les grenadiers de ligne aux longs plumets tremblants
Qui montaient à l'assaut avec des mollets blancs,
Et les conscrits chasseurs aux pompons verts en poires
Qui couraient à la mort avec des jambes noires!

Edmond Rostand, *L'Aiglon.*

SOLEIL

Que les soleils sont beaux dans les chaudes soirées !
Que l'espace est profond ! que le cœur est puissant !

Charles Baudelaire, *Les Fleurs du mal.*

Le soleil est mirobolant
Comme un poitrail de chambellan.

Jules Laforgue, *Les Complaintes.*

Le soleil ni la mort ne peuvent se regarder fixement.

La Rochefoucauld, *Maximes.*

Mon Soleil au Soleil était Soleil et onde,
Le grand Soleil était son onde et son Soleil ;
Le Soleil se disait le Soleil non pareil,
Mon Soleil se disait le seul Soleil du monde.

Abraham de Vermeil

SOLITUDE

Il est mort sans avoir à son lit solitaire
Une timide épouse échevelée en pleurs.

Théodore de Banville, *Les Exilés.*

Je suis comme un ami qui n'a plus d'amis, comme un père qui a perdu ses enfants, comme un voyageur qui erre sur la terre, où je suis resté seul.

Bernardin de Saint-Pierre, *Paul et Virginie.*

Plus on approche de Dieu, plus on est seul. C'est l'infini de la solitude.

Léon Bloy

Et ma vie solitaire et silencieuse marchait au travers du tumulte et du bruit avec les filles de mon imagination...

Chateaubriand, *Mémoires d'outre-tombe.*

Tout notre mal vient de ne pouvoir être seuls : de là le jeu, le luxe, la dissipation, le vin, les femmes, l'ignorance, la médisance, l'envie, l'oubli de soi-même et de Dieu.

Jean de La Bruyère, *Les Caractères.*

Et moi je suis dans ce lit cru
De chambre d'hôtel, fade chambre,
Seul, battu dans les vents bourrus
De novembre.

Jules Laforgue, *Les Complaintes.*

L'être moral de chacun de nous reste éternellement seul par la vie.

Guy de Maupassant, *Une Vie.*

Las ! je suis seul, sans compagnie !
Adieu ma Dame, ma liesse !

Charles d'Orléans

Seulette suis et seulette veux être.
Seulette m'a mon doux ami laissée.
Seulette suis, sans compagnon ni maître,
Seulette suis, dolente et courroucée,
Seulette suis, en langueur malaisée,
Seulette suis plus que nul égarée,
Seulette suis, sans ami demeurée.

Christine de Pisan

J'aime la solitude, même quand je suis seul.

Jules Renard, *Journal.*

Oh ! que j'aime la solitude !
Que ces lieux sacrés à la nuit,
Eloignés du monde et du bruit,
Plaisent à mon inquiétude !

Marc-Antoine de Saint-Amant

On peut tout acquérir dans la solitude, hormis du caractère.

Stendhal, *De l'amour.*

Il est plus d'un silence, il est plus d'une nuit
Car chaque solitude a son propre mystère.

Sully Prud'homme, *Poésies.*

La solitude est à l'esprit ce que la diète est au corps, mortelle lorsqu'elle est trop longue, quoique nécessaire.

Vauvenargues, *Réflexions et Maximes.*

SOMMEIL

On meurt d'avoir dormi longtemps
Avec les fleurs, avec les femmes.

Charles Cros, *Le Coffret de santal.*

Ruth songeait et Booz dormait ; l'herbe était noire ;
Les grelots des troupeaux palpitaient vaguement ;
Une immense bonté tombait du firmament ;
C'était l'heure tranquille où les lions vont boire.

Victor Hugo, *La Légende des siècles.*

SONGE

Cette opinion, que la vérité se présente quelquefois à nous pendant le sommeil, est répandue chez tous les peuples de la terre. Les plus grands hommes de l'Antiquité y ont ajouté foi, entre autres Alexandre, César, les Scipion, les deux Caton et Brutus, qui n'étaient pas des esprits faibles. L'Ancien et le Nouveau testament nous fournissent quantité d'exemples de songes qui se sont réalisés.

Bernardin de Saint-Pierre, *Paul et Virginie.*

SONNET

Un sonnet sans défaut vaut seul un long poème.

Nicolas Boileau, *Art poétique.*

SONNEUR

Le sonneur se suspend, s'élance,
Perd pied contre le mur,
Et monte : on dirait un fruit mûr
Que la branche balance.

Paul-Jean Toulet, *Les Contrerimes.*

SOT

Un sot trouve toujours un plus sot qui l'admire.

Nicolas Boileau, *Art poétique.*

Rien n'est plus humiliant comme de voir les sots réussir dans les entreprises où l'on échoue.

Gustave Flaubert, *L'Education sentimentale.*

Un sot ni n'entre, ni ne sort, ni ne s'assied, ni ne se lève, ni ne se tait, ni n'est sur ses jambes, comme un homme d'esprit.

Jean de La Bruyère, *Les Caractères.*

Un sot n'a pas assez d'étoffe pour être bon.

La Rochefoucauld, *Maximes.*

Vous êtes un sot en trois lettres, mon fils.

Molière, *Le Tartuffe.*

La raison pour laquelle les sots réussissent toujours dans leurs entreprises, c'est que, ne sachant pas et ne voyant pas quand ils sont impétueux, ils ne s'arrêtent jamais.

Montesquieu

SOTTISE

Il y a des sottises bien habillées comme il y a des sots très bien vêtus.

Chamfort, *Maximes et Pensées.*

L'opinion est reine du monde, parce que la sottise est la reine des sots.

Chamfort, *Maximes et Pensées.*

Il faut savoir faire les sottises que nous demande notre caractère.

Chamfort, *Maximes et Pensées.*

Hélas ! on voit que de tout temps
Les petits ont pâti des sottises des grands.

Jean de La Fontaine, *Les deux Taureaux et une grenouille.*

Il ne faut jamais faire que les sottises qui nous plaisent.

Prosper Mérimée

Quand on court après l'esprit, on attrape la sottise.

Montesquieu

SOUFFRANCE

Le trépas vient tout guérir ;
Mais ne bougeons d'où nous sommes :
Plutôt souffrir que mourir,
C'est la devise des hommes.

Jean de La Fontaine, *La Mort et le Bûcheron.*

Qui craint de souffrir, il souffre déjà de ce qu'il craint.

Montaigne, *Essais.*

Qui sait souffrir peut tout oser.

Vauvenargues, *Réflexions et Maximes.*

Fais énergiquement ta longue et lourde tâche (...)
Puis après, comme moi, souffre et meurs sans parler.

Alfred de Vigny, *La Mort du loup.*

J'aime la majesté des souffrances humaines.

Alfred de Vigny, *La Maison du berger.*

SOUMISSION

La soumission du peuple n'est jamais due qu'à la violence et à l'étendue des supplices.

Marquis de Sade, *La Nouvelle Justine.*

SOUPLESSE

Je plie et ne romps pas.

Jean de La Fontaine, *Le Chêne et le Roseau.*

SOURIRE

Plus le visage est sérieux, plus le sourire est beau.

Chateaubriand, *Mémoires d'outre-tombe.*

Mesdames, souriez afin que plus tard vos rides soient bien placées.

Mme de Maintenon

On ne doit pas accorder sa confiance à quelqu'un qui ne sourit jamais.

Henry de Montherlant

Le sourire est le commencement de la grimace.

Jules Renard, *Journal.*

SOURNOISERIE

Les gens sans bruit sont dangereux :
Il n'en est pas ainsi des autres.

Jean de La Fontaine, *Le Torrent et la Rivière.*

SOUVENIRS

Ton souvenir en moi luit comme un ostensoir !

Charles Baudelaire, *Les Fleurs du mal.*

J'ai plus de souvenirs que si j'avais mille ans.

Charles Baudelaire, *Les Fleurs du mal.*

Mes souvenirs sont si nombreux
Que ma raison n'y peut suffire.

Charles Cros, *Le Coffret de santal.*

En ce temps-là j'aimais, et maintenant j'arrange
Mes beaux amours en méchants vers.

Théophile Gautier, *Poésies.*

Toutes ces choses sont passées
Comme l'ombre et comme le vent.

Victor Hugo

On n'invente qu'avec le souvenir.

Alphonse Karr

En voulant mettre un peu d'ordre dans ce tiroir,
Je me suis perdu par mes grands vingt ans, ce soir
De Noël gras.

Jules Laforgue, *Les Complaintes.*

Et moi qui vous ai tant aimée,
Et toi qui ne t'en souviens plus !

Alfred de Musset

Je ne sais rien voir de ce que je vois ; je ne vois bien que ce que je me rappelle, et je n'ai de l'esprit que dans mes souvenirs.

Jean-Jacques Rousseau, *Les Confessions.*

Ma seule amour, ma joie et ma Maîtresse,
Puisqu'il me faut loin de vous demeurer,
Je n'ai plus rien, à me réconforter,
Qu'un souvenir pour retenir liesse.

Charles d'Orléans

Ce qui fit leur bonheur deviendra leur supplice. Des lettres relues, des vers retrouvés, d'anciennes fleurs et des rubans fanés qui furent chers, des parfums qu'on a trop aimés : supplice !

Sainte-Beuve

Ce sont des jours confus dont reparaît la trame,
Des souvenirs d'enfance, aussi doux à notre âme
Qu'un rêve d'avenir.

Sainte-Beuve

Ton souvenir est comme un livre bien-aimé,
Qu'on lit sans cesse, et qui jamais n'est refermé,
Un livre où l'on vit mieux sa vie, et qui vous hante
D'un rêve nostalgique, où l'âme se tourmente.

Albert Samain, *Au Jardin de l'Infante.*

Ces souvenirs, va-t-il falloir les retuer ?

Paul Verlaine, *Sagesse.*

— Te souvient-il de notre extase ancienne ?
— Pourquoi voulez-vous donc qu'il m'en souvienne ?

Paul Verlaine, *Fêtes galantes.*

STATUE

O le désespoir de Pygmalion, qui aurait pu créer une statue et qui ne fit qu'une femme !

Alfred Jarry, *L'Amour absolu.*

STRATÉGIE

L'une des plus belles sagesses en l'art militaire, c'est de ne pousser son ennemi au désespoir.

Montaigne, *Essais.*

STYLE

Mais dans l'art dangereux de rimer et d'écrire,
Il n'est pas de degré du médiocre au pire

Nicolas Boileau, *Art poétique.*

Caressez longuement votre phrase, et elle finira par sourire.

Anatole France

Le style est comme le cristal ; sa pureté fait son éclat.

Victor Hugo

SUBLIME

Du sublime au ridicule il n'y a qu'un pas.

Napoléon Ier

SUCCÈS

Le succès fut toujours un enfant de l'audace.

Crébillon père

SUFFISANCE

C'est la profonde ignorance qui inspire le ton dogmatique.

Jean de La Bruyère, *Les Caractères.*

SUGGESTION

La suggestion consiste à faire dans l'esprit des autres une petite incision où l'on met une idée à soi.

Victor Hugo

SUICIDE

Ce moyen qui nous soustrait à la persécution des hommes.

Chateaubriand, *Essai sur les révolutions.*

Au souvenir de ton suicide manqué, tu dresses fièrement la tête. Tu t'imagines que la mort n'a tenté que toi. Poil de Carotte, l'égoïsme te perdra. Tu tires toute la couverture. Tu te crois seul dans l'univers.

Jules Renard, *Poil de Carotte.*

Je prends tous les jours le remède que l'incomparable Dickens prescrit contre le suicide. Cela consiste en un verre de vin, un morceau de pain et du fromage, et une pipe de tabac.

Vincent van Gogh, *dans une lettre à son frère Théo.*

SUPERFLU

Le superflu finit par priver du nécessaire.

Choderlos de Laclos, *Les Liaisons dangereuses.*

Le superflu, chose très nécessaire.

Voltaire, *Satires.*

SUPERSTITION

La maison comme l'homme peut devenir cadavre. Il suffit qu'une superstition la tue.

Victor Hugo, *Les Travailleurs de la mer.*

SURSIS

Gardez-vous de demander du temps ; le malheur n'en accorde jamais.

Mirabeau

T

TABLEAU

Ce qui entend le plus de bêtises dans le monde est peut-être un tableau de musée.

Edmond et Jules de Goncourt

TACHE

Toute l'eau de la mer ne suffirait pas à laver une tache de sang intellectuelle.

Lautréamont, *Poésies.*

TÂCHE

Fais énergiquement ta longue et lourde tâche
Dans la voie où le Sort a voulu t'appeler,
Puis après, comme moi, souffre et meurs sans parler.

Alfred de Vigny, *La Mort du loup.*

TALENT

Faire aisément ce qui est difficile aux autres, voilà le talent ; faire ce qui est impossible au talent, voilà le génie.

Henri Frédéric Amiel

Ah ! Quel talent je vais avoir demain.

Hector Berlioz

Tout homme qui ne se croit pas du génie n'a pas de talent...

Edmond de Goncourt, *Journal.*

Ne forçons pas notre talent,
Nous ne ferions rien avec grâce.

Jean de La Fontaine, *L'Ane et le Petit Chien.*

TAPISSERIE

J'ai connu plusieurs femmes distinguées qui disaient ne pouvoir bien penser, ni bien causer, qu'en faisant de la tapisserie.

Jules Michelet, *Le Peuple.*

TÉMOIN

Je ne crois que les histoires dont les témoins se feraient égorger.

Pascal, *Pensées.*

Rarement de sa faute on aime le témoin.

Voltaire, *La Henriade.*

TEMPS

O douleur ! ô douleur ! Le Temps mange la vie,
Et l'obscur Ennemi qui nous ronge le cœur
Du sang que nous perdons croît et se fortifie !

Charles Baudelaire, *Les Fleurs du mal.*

Le temps est un grand maître, dit-on. le malheur est qu'il tue ses élèves.

Hector Berlioz

Il n'est rien de plus précieux que le temps, puisque c'est le prix de l'éternité.

Louis Bourdaloue

Le temps, qui fortifie les amitiés, affaiblit l'amour.

Jean de La Bruyère, *Les Caractères.*

O temps ! suspends ton vol ; et vous, heures propices !
Suspendez votre cours :
Laissez-nous savourer les rapides délices
Des plus beaux de nos jours !
L'homme n'a point de port, le temps n'a point de rive ;
Il coule, et nous passons !

Alphonse de Lamartine, *Méditations poétiques.*

Gardez-vous de demander du temps : le malheur n'en accorde jamais.

Mirabeau

Le temps emporte sur son aile
Et le printemps et l'hirondelle,
Et la vie et les jours perdus ;
Tout s'en va comme la fumée,
L'espérance et la renommée.

Alfred de Musset

Le temps s'en va, le temps s'en va, ma Dame,
Las ! le temps non, mais nous, nous en allons,
Et tôt serons étendus sous la lame.

Pierre de Ronsard, *Amours de Marie.*

Le Temps qui, sans repos, va d'un pas si léger,
Emporte avecque lui toutes les belles choses :
C'est pour nous avertir de le bien ménager
Et faire des bouquets en la saison des roses.

Tristan l'Hermite

On n'est pas né pour la gloire lorsqu'on ne connaît pas le prix du temps.

Vauvenargues, *Réflexions et Maximes.*

TENDRESSE

Tout le devoir ne vaut pas une faute qui s'est commise par tendresse.

Mme de La Sablière, *Pensées chrétiennes.*

Vous désirez savoir de moi
D'où me vient pour vous ma tendresse;
Je vous aime, voici pourquoi :
Vous ressemblez à ma jeunesse.

Sully Prud'homme, *Poésies.*

TENTATION

Dépêchez-vous de succomber à la tentation avant qu'elle ne s'éloigne.

Casanova, *Mémoires.*

TERREUR

Ce fut une chose bien terrible, lorsque la grande assemblée qui, sous Robespierre, avait fait la Terreur par la terreur même, releva sa tête, et vit tout le sang qu'elle avait versé.

Jules Michelet, *Le Peuple.*

TÊTE

Tu montreras ma tête au peuple, elle en vaut bien la peine.

Danton, *au bourreau, sur l'échafaud.*

THÉ

Si l'on prend trois fois de ce thé d'or, prétendait Balzac, on devient borgne ; six fois, on devient aveugle.

Léon Gozlan

J'ai vu la princesse (...) qui prend tous les jours douze tasses de thé. Elle le fait infuser comme nous, et remet encore dans la tasse plus de la moitié d'eau bouillante ; elle pensa me faire vomir. Cela, dit-elle, la guérit de tous ses maux.

Mme de Sévigné, *Lettres.*

THÉÂTRE

Le théâtre est un géant qui blesse à mort tout ce qu'il frappe.

Beaumarchais

TIMIDITÉ

Trop timide pour inviter une danseuse, et craignant d'ailleurs de brouiller les figures, je devins naturellement très grimaud et ne sachant que faire de ma personne.

Honoré de Balzac, *Le Lys dans la vallée.*

J'ai toujours eu de la timidité qui a souvent fait paraître de l'embarras dans mes réponses. J'ai pourtant senti que je n'ai jamais été si embarrassé avec les gens d'esprit qu'avec les sots.

Montesquieu

TOCSIN

Le tocsin qui va sonner n'est point un signal d'alarme, c'est la charge sur les ennemis de la patrie.

Danton

TOILETTE

On a remarqué que de tous les animaux, les femmes, les mouches et les chats sont ceux qui passent le plus de temps à leur toilette.

Charles Nodier

TOLÉRANCE

La tolérance est la charité de l'intelligence.

Jules Lemaître

La tolérance est la vertu du faible.

Marquis de Sade, *La Nouvelle Justine.*

TOMBE

Lorsque tu dormiras, ma belle ténébreuse,
Au fond d'un monument construit en marbre noir,
Et lorsque tu n'auras pour alcôve et manoir
Qu'un caveau pluvieux et qu'une fosse creuse...

Charles Baudelaire, *Les Fleurs du mal.*

Le cercueil du poète était jonché de roses...
La tombe du despote était pleine de sang.

François Coppée

Je vois le marbre des tombeaux tomber en poussière, et je ne veux pas mourir !

Diderot, *Le Rêve de d'Alembert.*

Ma belle amie est morte :
Je pleurerai toujours;
Sous la tombe elle emporte
Mon âme et mes amours.

Théophile Gautier

Il dort au lit profond creusé par les eaux vierges.
Qu'importe un monument funéraire, des cierges,
Le psaume et la chapelle ardente et l'ex-voto ?
Puisque le vent du Nord, parmi les cyprières,
Pleure et chante à jamais d'éternelles prières
Sur le Grand fleuve où gît Hernando de Soto.

José Maria de Heredia, *Les Trophées.*

Ci-gît ma femme : oh ! qu'elle est bien
Pour son repos, et pour le mien.

Jacques de Laurens

TORT

Les querelles ne dureraient pas longtemps, si le tort n'était que d'un côté.

La Rochefoucauld, *Maximes.*

Malheur aux gens qui n'ont jamais tort ; ils n'ont jamais raison.

Prince de Ligne, *Mes écarts.*

TORTURE

La torture interroge, et la douleur répond.

Raynouard, *Les Templiers.*

TRADUCTION

Les traductions sont des domestiques qui vont porter un message de la part de leur maître et qui disent tout le contraire de ce qu'on leur a ordonné.

Mme de Sévigné, *Lettres.*

TRAITRE

Toujours l'homme en sa nuit trahit par ses veilleurs !

Victor Hugo, *Les Contemplations.*

La moitié d'un ami, c'est la moitié d'un traître.

Victor Hugo, *La Légende des siècles.*

Quiconque flatte ses maîtres les trahit.

Massillon

TRANSITION

Il est un âge où quelques mois ajoutés à la vie suffisent pour développer des facultés jusqu'alors ensevelies dans un cœur à demi fermé : on se couche enfant ; on se réveille homme.

Chateaubriand, *Mémoires d'outre-tombe.*

TRAVAIL

Pour chaque être, il existe une sorte d'activité où il serait utile à la société, en même temps qu'il y trouverait son bonheur.

Maurice Barrès

Le travail est indispensable au bonheur de l'homme ; il

l'élève, il le console, et peu importe la nature du travail, pourvu qu'il profite à quelqu'un : faire ce qu'on peut, c'est faire ce qu'on doit.

Alexandre Dumas fils

Pluie ou bourrasque, il faut qu'il aille,
Car les petits enfants ont faim. (...)

Victor Hugo, *La Légende des siècles.*

Travaillez, prenez de la peine,
C'est le fond qui manque le moins.

Jean de La Fontaine, *Le Laboureur et ses Enfants.*

Le travail n'épouvante que les âmes faibles.

Louis XIV

La peur de la mort fait aimer le travail, qui est toute la vie.

Jules Renard, *Journal.*

O ce travail farouche, âpre, tenace, austère,
Sur les plaines, parmi les mers, au cœur des monts,
Serrant des nœuds partout et rivant ses chaînons
De l'un à l'autre bout de la terre !

Emile Verhaeren, *La Multiple Splendeur.*

Le travail éloigne de nous trois grands maux : l'ennui, le vice et le besoin.

Voltaire, *Candide.*

TREMBLEMENT

Je tremble, mais c'est de froid.

Bailly, *ses derniers mots, sur l'échafaud.*

TRÉSOR

D'argent, point de caché. mais le père fut sage
De leur montrer avant sa mort
Que le travail est un trésor.

Jean de La Fontaine, *Le Laboureur et ses Enfants.*

TRIANGLE

On dit fort bien que si les triangles faisaient un dieu, ils lui donneraient trois côtés.

Montesquieu

TRIOMPHE

A vaincre sans péril, on triomphe sans gloire.

Pierre Corneille, *Le Cid.*

TRISTESSE

Elle était triste, si triste, qu'à la voir sur le seuil de sa maison, elle vous faisait l'effet d'un drap d'enterrement tendu devant la porte.

Gustave Flaubert, *Madame Bovary.*

TROMPERIE

Car c'est double plaisir de tromper le trompeur.

Jean de La Fontaine, *Le Coq et le Renard.*

Tel est pris qui croyait prendre.

Jean de La Fontaine, *Le Rat et l'Huître.*

Ah, madame, ce n'est vraiment pas bien,
Quand on n'est pas la Joconde,
D'en adopter le maintien
Pour induire en spleens tout bleus le pauv'monde !

Jules Laforgue

Le vrai moyen d'être trompé, c'est de se croire plus fin que les autres.

La Rochefoucauld, *Maximes.*

TROMPETTE

Le son de la trompette est si délicieux
Dans ces soirs solennels de célestes vendanges
Qu'il s'infiltre comme une extase dans tous ceux
Dont elle chante les louanges.

Charles Baudelaire, *Les Fleurs du mal.*

TRÔNE

Au plus élevé trône du monde, si ne sommes assis que sur notre cul.

Montaigne, *Essais.*

TUTOIEMENT

Ce tutoiement si divin sur les lèvres d'une femme qui vous aime, et qui devient la plus sanglante des insolences dans la bouche d'une créature.

Barbey d'Aurevilly, *Les Diaboliques.*

TYRAN

Il ne sort des tyrans et de leurs mains impures
Qu'ordures ni que sang.

Agrippa d'Aubigné, *Les Tragiques.*

Et ton nom paraîtra, dans la race future,
Aux plus cruels tyrans une cruelle injure.

Jean Racine, *Britannicus.*

Si l'homme est créé libre, il doit gouverner;
Si l'homme a des tyrans, il les doit détrôner.

Voltaire

U

UNION

Tous pour un, un pour tous.

Alexandre Dumas, *Les Trois Mousquetaires.*

Ni vous sans moi ni moi sans vous.

Marie de France

UNIVERS

(...) Et l'Espace, dans un
Va-et-vient giratoire, y détrame les toiles
D'azur pleines de cocons à fœtus d'Etoiles.

Jules Laforgue, *Les Complaintes.*

USINE

La forge fait son bruit, pleine de spectres noirs.
Le pilon monstrueux, la scie âpre et stridente,
L'indolente cisaille atrocement mordante,
Les lèvres sans merci des fougueux laminoirs,
Tout hurle, et dans cet antre, où les jours sont des soirs
Et les nuits des midis d'une rougeur ardente,
On croit voir se lever la figure de Dante
Qui passe, interrogeant d'éternels désespoirs.

Sully Prud'homme, *Poésies.*

V

VAILLANCE

A vaillant cœur, à cœur vaillant, rien d'impossible.

Devise de **Jacques Cœur**

VAINCU

Le flot de larmes la soulevait, devant la misère sacrée des vaincus.

Emile Zola, *Au Bonheur des Dames.*

VALET

Aux vertus qu'on exige d'un domestique, Votre Excellence connaît-elle beaucoup de maîtres qui fussent dignes d'être valets ?

Beaumarchais, *Le Barbier de Séville.*

Rarement un valet dit du bien de son maître.

Collin d'Harleville

Par les airs du valet, on peut juger du maître.

Destouches, *Le Glorieux.*

J'avais un jour un valet de Gascogne,
Gourmand, ivrogne, et assuré menteur,
Pipeur, larron, jureur, blasphémateur,
Sentant la hart de cent pas à la ronde,
Au demeurant le meilleur fils du monde.

Clément Marot

VALEUR

Je suis jeune il est vrai, mais aux âmes bien nées
La valeur n'attend pas le nombre des années.

Pierre Corneille, *Le Cid.*

La parfaite valeur est de faire sans témoin ce qu'on serait capable de faire devant tout le monde.

La Rochefoucauld, *Maximes.*

VANITÉ

La vanité, c'est l'orgueil des autres.

Sacha Guitry

Tout bourgeois veut bâtir comme les grands seigneurs.
Tout petit prince a des ambassadeurs,
Tout marquis veut avoir des pages.

Jean de La Fontaine, *La Grenouille qui veut se faire aussi grosse que le Bœuf.*

Ce qui nous rend la vanité des autres insupportable, c'est qu'elle blesse la nôtre.

La Rochefoucauld, *Maximes.*

VANITÉS

Tout est vain en nous, excepté le sincère aveu que nous faisons devant Dieu de nos vanités.

Bossuet, *Oraison funèbre de la duchesse d'Orléans.*

N'espérons plus, mon âme, aux promesses du monde ;
Sa lumière est un verre, et sa faveur une onde
Que toujours quelque vent empêche de calmer ;
Quittons ces vanités, lassons-nous de les suivre.

François de Malherbe, *Poésies.*

VASE

Le vase où meurt cette verveine,
D'un coup d'éventail fut fêlé.
...
N'y touchez pas, il est brisé.

Sully Prudhomme, *Stances et Poèmes.*

VEILLE

J'ai trop veillé; mon âme est lasse
De ces rêves qu'un rêve chasse.

Alphonse de Lamartine

VENGEANCE

J'attire en me vengeant sa haine et sa colère;
J'attire ses mépris en ne me vengeant pas.

Pierre Corneille, *Le Cid.*

Va, cours, vole et nous venge.

Pierre Corneille, *Le Cid.*

Voir le dernier Romain à son dernier soupir,
Moi seule en être cause, et mourir de plaisir!

Pierre Corneille, *Horace.*

VENT

Et les vents s'engueulent,
Tout le long des nuits!
Qu'est-c'que moi j'y puis,
Qu'est-ce donc qu'ils veulent?

Jules Laforgue, *Les Complaintes.*

C'est que les vents tombant des grands monts de Norwège
T'avaient parlé tout bas de l'âpre liberté.

Arthur Rimbaud, *Poésies.*

Ce sont amis que vent emporte,
Et il ventait devant ma porte :
Sont emportés.

Rutebeuf, *La Complainte Rutebeuf.*

La bise de Grignan me fait mal à votre poitrine.

Mme de Sévigné, *Lettres.*

Et je m'en vais
Au vent mauvais
Qui m'emporte
Deçà, delà,
Pareil à la
Feuille morte.

Paul Verlaine, *Poèmes saturniens.*

VENTE

La clientèle, dépouillée, violée, s'en allait à moitié défaite, avec la volupté assouvie et la sourde honte d'un désir contenté au fond d'un hôtel louche.

Emile Zola, *Au Bonheur des Dames.*

VER

Madame, sous vos pieds, dans l'ombre, un homme est là
Qui vous aime, perdu dans la nuit qui le voile,
Qui souffre, ver de terre amoureux d'une étoile.

Victor Hugo, *Ruy Blas.*

VERS

En ce temps-là j'aimais, et maintenant j'arrange
Mes beaux amours en méchants vers.

Théophile Gautier, *Poésies.*

VÉRITÉ

Quand la vérité met le poignard à la gorge, il faut baiser sa main blanche, quoique tachée de notre sang.

Agrippa d'Aubigné

Cet épineux fardeau qu'on nomme vérité.

Agrippa d'Aubigné

Toute vérité n'est pas bonne à croire.

Beaumarchais, *Le Mariage de Figaro.*

Il ne suffit point de montrer la vérité, il faut la peindre aimable.

Fénelon, *Les Aventures de Télémaque.*

La vérité est une illusion et l'illusion est une vérité.

Remy de Gourmont

L'homme est de glace aux vérités
Il est de feu pour les mensonges

Jean de La Fontaine, *Le Statuaire et la Statue de Jupiter.*

Quand j'ai connu la Vérité,
J'ai cru que c'était une amie;
Quand je l'ai comprise et sentie,
J'en étais déjà dégoûté.

Alfred de Musset, *Tristesse.*

Vérité en deçà des Pyrénées, erreur au-delà.

Pascal, *Pensées.*

La vérité vaut bien qu'on passe quelques années sans la trouver.

Jules Renard, *Journal.*

J'ai dit des vérités aux hommes ; ils les ont mal prises ; je ne dirai plus rien.

Jean-Jacques Rousseau

Aime la vérité, mais pardonne à l'erreur.

Voltaire

La vérité est un fruit qui ne doit être cueilli que s'il est tout à fait mûr.

Voltaire

VÉROLE

...Tous les symptômes que j'ai connus autrefois. Mais tout cela n'est pas grave à condition que vous ne vous endormiez pas sur les apparences de guérison ; et sachez ceci, c'est qu'il n'y a pas d'être qui se porte mieux que celui qui a eu la vérole et qui est bien guéri. Tous les médecins des régiments et des prostituées savent cela. C'est un véritable rajeunissement.

Charles Baudelaire, *Correspondance.*

J'ai la vérole, enfin, la vraie, pas la misérable chaude-pisse, pas l'ecclésiastique cristalline, pas les bourgeoises crêtes de coq, les légumineux choux-fleurs, non, non, la grande vérole, celle dont est mort François Ier. Et j'en suis fier, malheur, et je méprise par-dessus tout les bourgeois. Alléluia, j'ai la vérole, par conséquent je n'ai plus peur de l'attraper.

Guy de Maupassant, *Correspondance.*

VERRE

Mon verre s'est brisé comme un éclat de rire.

Guillaume Apollinaire, *Alcools.*

Mon verre n'est pas grand, mais je bois dans mon verre.

Alfred de Musset, *La Coupe et les Lèvres.*

Mon verre est petit, mais je ne veux pas que vous buviez dedans.

Jules Renard, *Journal.*

VERTU

Il y a des femmes qui passent leur vie à rembourrer le fossé où leur vertu comptait choir, et qui, furieuses de rester sur le bord à attendre qu'on les pousse, jettent des pierres aux femmes qui passent.

Alexandre Dumas fils, *Diane des Lys.*

Nos vertus ne sont, le plus souvent, que des vices déguisés.

La Rochefoucauld, *Maximes.*

(...) Les verrous et les grilles
Ne font pas la vertu des femmes ni des filles.

Molière, *Dom Juan.*

VICE

Le vice toujours sombre aime l'obscurité.

Nicolas Boileau, *Satires.*

On voyait qu'elle en était encore à la virginité du vice.

Alexandre Dumas fils, *La Dame aux camélias.*

Les passions des jeunes gens sont des vices dans la vieillesse.

Joseph Joubert, *Pensées.*

Car le Vice, rongeant ma native noblesse
M'a comme toi marqué de sa stérilité.

Stéphane Mallarmé, *Poésies.*

J'aime mieux un vice commode
Qu'une fatigante vertu.

Molière, *Amphitryon.*

Le vice laisse comme un ulcère en la chair, une repentance en l'âme, qui toujours s'égratigne et s'ensanglante elle-même.

Montaigne, *Essais.*

L'homme naît avec ses vices ; il acquiert ses vertus.

Jules Renard

VICIEUX

Tous les vices se combattaient en lui à qui en demeurerait le maître (...). L'avarice, la débauche, l'ambition étaient ses dieux ; la perfidie, la flatterie, les servages, ses moyens ; l'impiété parfaite, son repos ; et l'opinion que la probité et l'honnêteté sont des chimères dont on se pare et qui n'ont de réalité dans personne, son principe.

Saint-Simon, *Mémoires.*

VICTIMES

Je déteste les victimes quand elles respectent les bourreaux.

Jean-Paul Sartre, *Les Séquestrés d'Altona.*

VICTOIRE

La Fortune se plaît à faire de ces coups;
Tout vainqueur insolent à sa perte travaille.
Défions-nous du sort, et prenons garde à nous
Après le gain d'une bataille.

Jean de La Fontaine, *Les Deux Coqs.*

Je ne veux voir que la Victoire.
Ne me demandez pas : « Après » ?
Après, je veux la nuit noire
Et le sommeil sous les cyprès.

Edmond Rostand, *la veille de sa mort, six jours après l'Armistice du 11 novembre 1918.*

VIE

Pourquoi douter des songes ? La vie, remplie de tant de projets passagers et vains, est-elle autre chose qu'un songe ?

Bernardin de Saint-Pierre, *Paul et Virginie.*

Vivre est une maladie, dont le sommeil nous soulage toutes les seize heures; c'est un palliatif : la mort est le remède.

Chamfort, *Maximes et Pensées.*

On entre, on crie
Et c'est la vie!
On bâille, on sort
Et c'est la mort.

Ausone de Chancel

J'ai voulu tout voir, tout avoir.
Je me suis trop hâté de vivre.

Charles Cros, *Le Coffret de santal.*

La vie, cette goutte de lait et d'absinthe.

Henri Lacordaire, *Pensées.*

Puisqu'il est des vivants, ne songez plus aux morts.

Jean de La Fontaine, *La Jeune Veuve.*

La vie, voyez vous, ça n'est jamais si bon ni si mauvais qu'on croit.

Guy de Maupassant, *Une Vie.*

Le plus grand faible des hommes, c'est l'amour qu'ils ont de la vie.

Molière, *L'Amour médecin.*

Les plus belles vies sont, à mon gré, celles qui se rangent au modèle commun et humain, avec ordre, mais sans miracle et sans extravagance.

Montaigne, *Essais.*

Mon métier et mon art, c'est de vivre.
Notre grand et glorieux chef-d'œuvre c'est vivre à propos.

Montaigne, *Essais.*

La vie est un sommeil, l'amour en est le rêve.
Et vous auriez vécu si vous aviez aimé.

Alfred de Musset, *Poésies.*

Si vivre est un devoir, quand je l'aurai bâclé,
Que mon linceul au moins me serve de mystère.

Paul-Jean Toulet, *Les Contrerimes.*

Nous naissons, nous vivons, bergère,
Nous mourons sans savoir comment;
Chacun est parti du néant :
Où va-t-il ?... Dieu le sait, ma chère.

Voltaire

VIEILLARD

Car le jeune homme est beau, mais le vieillard est grand.

Victor Hugo, *La Légende des siècles.*

VIEILLES

Vous qui fûtes la grâce ou qui fûtes la gloire,
Nul ne vous reconnaît ! un ivrogne incivil
Vous insulte en passant d'un amour dérisoire ;
Sur vos talons gambade un enfant lâche et vil.

Charles Baudelaire, *Les Fleurs du mal.*

VIEILLESSE

Aussi bien une vieillesse
Nous menace sur le port,
Qui toute courbe et tremblante
Nous attraine chancelante
La maladie et la mort.

Rémy Belleau

Je me suis réfugié sous un hêtre : ses dernières feuilles tombaient comme mes années ; sa cime se dépouillait comme ma tête ; il était marqué au tronc d'un cercle rouge, pour être abattu comme moi.

Chateaubriand, *Mémoires d'outre-tombe.*

Je vois les reflets d'une aurore dont je ne verrai pas se lever le soleil.

Chateaubriand, *Mémoires d'outre-tombe.*

O rage ! ô désespoir ! ô vieillesse ennemie !

Pierre Corneille, *Le Cid.*

Des lilas blancs de cimetière
Près de mes tempes ont fleuri;
J'aurai bientôt la touffe entière
Pour ombrager mon front flétri.

Théophile Gautier, *Emaux et Camées.*

Mais, vieux, on tremble ainsi qu'à l'hiver le bouleau.
Je suis veuf, je suis seul, et sur moi le soir tombe,
Et je courbe, ô mon Dieu! mon âme vers la tombe,
Comme un bœuf ayant soif penche son front vers l'eau.

Victor Hugo, *La Légende des siècles.*

C'est une des pires humiliations de la vieillesse, de ne rien recevoir que de la pitié.

Lamennais

La vieillesse, quant à l'ordre de l'existence terrestre, est un passé sans avenir. Elle représente trop vivement la condition humaine, pour que son aspect n'importune pas l'homme.

Lamennais

Peu de gens savent être vieux.

La Rochefoucauld, *Maximes.*

J'avance dans l'hiver à force de printemps.

Prince de Ligne

Il sera bientôt l'heure de m'en retourner dans l'éternelle poussière, et je m'en irai sans avoir compris le pourquoi mystérieux de tous les mirages de mon enfance; j'emporterai avec moi le regret de je ne sais quelles patries jamais retrouvées, de je ne sais quels êtres désirés ardemment et jamais embrassés...

Pierre Loti, *Madame Chrysanthème.*

Je suis vaincu du temps; je cède à ses outrages.

François de Malherbe, *Poésies.*

Viennent les ans ! J'aspire à cet âge sauveur
Où mon sang coulera plus sage dans mes veines,
Où les plaisirs pour moi n'ayant plus de saveur,
Je vivrai doucement avec mes vieilles peines.

Sully Prud'homme, *Poésies.*

Voici que j'ai touché les confins de mon âge.
Tandis que mes désirs sèchent sous le ciel nu,
Le temps passe et m'emporte à l'abîme inconnu,
Comme un grand fleuve noir, où s'engourdit la nage.

Paul-Jean Toulet, *Les Contrerimes.*

VILLE

Du fond des brumes
Là-bas avec tous ses étages
Et ses grands escaliers, et leurs voyages
Jusques au ciel, vers de plus hauts étages
Comme d'un rêve, elle s'exhume. (...)
La ville au loin s'étale et domine la plaine
Comme un nocturne et colossal espoir.

Emile Verhaeren, *Les Campagnes hallucinées.*

VIOLENCE

L'injustice appelle l'injustice ; la violence engendre la violence.

Lacordaire, *Pensées.*

VIN

Rien ne grise comme le vin du malheur.

Honoré de Balzac, *Splendeurs et Misères des courtisanes.*

Je hume à longs traits le vin du souvenir

Charles Baudelaire, *Les Fleurs du mal.*

Le vin qui coule des pressoirs
Est moins traître que ses yeux noirs.

Charles Cros, *Le Coffet de santal.*

Jamais homme noble ne hait le bon vin.

François Rabelais, *Gargantua.*

L'odeur du vin, ô combien plus friant, riant, priant, plus céleste et délicieux que d'huile.

François Rabelais, *Gargantua.*

Ah ! que j'aimais la Navarre,
Et l'amour, et le vin frais.

Paul-Jean Toulet, *Les Contrerimes.*

VIOLON

Le violon frémit comme un cœur qu'on afflige ;
Valse mélancolique et langoureux vertige.

Charles Baudelaire, *Les Fleurs du mal.*

Les sanglots longs
Des violons
De l'automne
Blessent mon cœur
D'une langueur
Monotone.

Paul Verlaine, *Poèmes saturniens.*

VIRGINITÉ

Près de toi rien de moi n'est resté,
Et ton amour m'a fait une virginité.

Victor Hugo, *Marion Delorme.*

O calice loyal mais vide
Qui jouais à me rester clos!

Jules Laforgue, *Les Complaintes.*

Les anciens Gaulois estimaient à extrême reproche d'avoir eu accointance de femme avant l'âge de vingt ans, et recommandaient singulièrement aux hommes qui se voulaient dresser pour la guerre, de conserver bien avant en l'âge leur pucelage, d'autant que les courages s'amollissent et divertissent par l'accouplage des femmes...

Montaigne, *Essais.*

Les vierges ont besoin d'une chasteté extrêmement simple et douillette, pour bannir de leur cœur toutes sortes de curieuses pensées et mépriser d'un mépris absolu toutes sortes de plaisirs immondes, qui, à la vérité, ne méritent pas d'être désirés par les hommes, puisque les ânes et les pourceaux en sont plus capables qu'eux.

Saint François de Sales

VISAGE

Un beau visage est le plus doux de tous les spectacles.

Jean de La Bruyère, *Les Caractères.*

Les ruines d'une maison
Se peuvent réparer : que n'est cet avantage
Pour les ruines du visage!

Jean de La Fontaine, *La Fille.*

VOCATION

Les vocations manquées déteignent sur toute l'existence.

Honoré de Balzac, *La Maison Nucingen.*

J'aurais été soldat, si je n'étais poète.

Victor Hugo

VOIX

L'harmonie la plus douce est le son de la voix de celle que l'on aime.

Jean de La Bruyère, *Les Caractères.*

Et, pour sa voix, lointaine, et calme, et grave, elle a
L'inflexion des voix chères qui se sont tues.

Paul Verlaine, *Poèmes saturniens.*

VOLCAN

Nous vivons trop dans les livres et pas assez dans la nature, et nous ressemblons à ce niais de Pline le Jeune qui étudiait un orateur grec pendant que sous ses yeux le Vésuve engloutissait cinq villes sous la cendre.

Anatole France

VOLONTÉ

Les gens faibles ne distinguent jamais assez ce qu'ils veulent de ce qu'ils voudraient.

Paul de Gondi, cardinal de Retz, *Mémoires.*

Il y a très loin de la velléité à la volonté, de la volonté à la résolution, de la résolution au choix des moyens, du choix des moyens à l'application.

Paul de Gondi, cardinal de Retz, *Mémoires.*

VOLTAIRE

Cet homme n'est que le second dans tous les genres.

Diderot, *Lettre à Sophie Volland.*

Voltaire n'écrira jamais une bonne histoire. Il est comme les moines qui n'écrivent pas pour le sujet qu'ils traitent, mais pour la gloire de leur ordre. Voltaire écrit pour son couvent.

Montesquieu

Je le haïrais davantage si je le méprisais moins.

Jean-Jacques Rousseau

VOLUPTÉ

La volupté, comme une fleur rare, demande les soins de la culture la plus ingénieuse.

Honoré de Balzac, *La Femme abandonnée.*

La volupté unique et suprême de l'amour gît dans la certitude de faire le mal. Et l'homme et la femme savent de naissance que dans le mal se trouve toute volupté.

Charles Baudelaire, *De la séduction.*

Oh ! l'âpre volupté que le danger procure !

Jean Richepin, *Les Caresses.*

VOTE

(Suffrage universel) : La honte de l'esprit humain.

Gustave Flaubert, *Correspondance.*

La France telle que l'a faite le suffrage universel est devenue profondément matérialiste ; les nobles soucis de la France d'autrefois, le patriotisme, l'enthousiasme du beau, l'amour de la gloire, ont disparu avec les classes nobles qui représentaient l'âme de la France.

Ernest Renan, *La Réforme intellectuelle et morale de la France.*

VOYAGE

Heureux qui comme Ulysse, a fait un beau voyage,
Ou comme celui-là qui conquit la Toison
Et puis s'en est retourné, plein d'usage et raison,
Vivre entre ses parents le reste de son âge !

Joachim du Bellay, *Les Regrets.*

Amants, heureux amants, voulez-vous voyager ?

Jean de La Fontaine, *Les Deux Pigeons.*

Je réponds ordinairement à ceux qui me demandent raison de mes voyages : que je sais bien ce que je fuis, mais non pas ce que je cherche.

Montaigne, *Essais.*

VOYAGEUR

Mais les vrais voyageurs sont ceux-là seuls qui partent
Pour partir ; cœurs légers, semblables aux ballons,
De leur fatalité jamais ils ne s'écartent,
Et, sans savoir pourquoi, disent toujours : Allons.

Charles Baudelaire, *Les Fleurs du mal.*

VOYELLES

A noir, E blanc, I rouge, U vert, O bleu : voyelles
Je dirai quelque jour vos naissances latentes...

Arthur Rimbaud, *Poésies*, « Voyelles ».

VRAI

Le vrai peut quelquefois n'être pas vraisemblable.

Nicolas Boileau, *Art poétique.*

W

WAGNER

Wagner : un beau coucher de soleil que l'on a pris pour une aurore.

Claude Debussy

WATERLOO

Un vent du sud s'étant levé m'apporta plus distinctement le bruit de l'artillerie. Cette grande bataille, encore sans nom, dont j'écoutais les échos au pied d'un peuplier, et dont une horloge de village venait de sonner les funérailles inconnues, était la bataille de Waterloo !

Chateaubriand, *Mémoires d'outre-tombe.*

Waterloo ! Waterloo ! Waterloo ! Morne plaine !
Comme une onde qui bout dans une urne trop pleine,
Dans ton cirque de bois, de coteaux, de vallons,
La pâle mort mêlait les sombres bataillons.

Victor Hugo, *Les Châtiments,* « L'Expiation ».

XY

YEUX

Je sais qu'il est des yeux, des plus mélancoliques,
Qui ne recèlent point de secrets précieux;
Beaux écrins sans joyaux, médaillons sans reliques,
Plus vides, plus profonds que vous-mêmes, ô Cieux!

Charles Baudelaire, *Les Fleurs du mal.*

Tes beaux yeux sont las, pauvre amante!
Reste longtemps, sans les rouvrir,
Dans cette pose nonchalante
Où t'a surprise le plaisir.

Charles Baudelaire, *Les Fleurs du mal.*

Ses yeux où le ciel se reflète,
Mêlent à leur azur amer,
Qu'étoile une humide paillette,
Les teintes glauques de la mer.

Théophile Gautier, *Emaux et Camées.*

Il me faut vos yeux! Dès que je perds leur étoile,
Le mal des calmes plats s'engouffre dans ma voile,
Le frisson du *Voe soli*! gargouille en mes moelles...

Jules Laforgue, *Les Complaintes.*

Les mares de vos yeux aux joncs de cils,
O vaillante oisive femme,
Quand donc me renverront-ils
La Lune-levante de ma belle âme?

Jules Laforgue, *L'Imitation de Notre-Dame la Lune.*

Vos yeux ont des appas que j'aime et que je prise,
Et qui peuvent beaucoup dessus ma liberté;
Mais pour me retenir, s'ils font cas de ma prise,
Il leur faut de l'Amour autant que de beauté.

François de Malherbe

(...) Jamais plus , jamais mes yeux grisés,
Mes regards dont c'était les frémissantes fêtes,
Ne baiseront au vol les gestes que vous faites.

Edmond Rostand, *Cyrano de Bergerac.*

Bleus ou noirs, tous aimés, tous beaux,
Ouverts à quelque immense aurore,
De l'autre côté des tombeaux
Les yeux qu'on ferme voient encore.

Sully Prudhomme, *Poésies.*

L'azur de tes grands yeux m'est cher;
C'est un lointain que je regarde
Sans cesse et sans y prendre garde,
Un ciel de mer.

Sully Prud'homme, *Poésies.*

J'aimais surtout ses jolis yeux,
Plus clairs que l'étoile des cieux,
J'aimais ses yeux malicieux.

Paul Verlaine

Que m'importe le jour ? Que m'importe le monde ?
Je dirai qu'ils sont beaux quand tes yeux l'auront dit.

Alfred de Vigny, *Les Destinées.*

ZÈLE

N'est-il pas honteux que les fanatiques aient du zèle et que les sages n'en aient pas ?

Voltaire

ZOLA

Cet Hercule souillé qui remue le fumier d'Augias et qui y ajoute.

Barbey d'Aurevilly, *A propos de* L'Assommoir.

INDEX
DES NOMS CITÉS

D

E

F

M

N

O

P

S

T

U

V

IMPRIMÉ EN UNION EUROPÉENNE
le 13-06-1996
B/100-94 – Dépôt légal, juillet 1994